波濤を超えて決死の渡海

日中を結んだ仏教僧

頼富本宏……著

図説◆中国文化百華 008

農文協

日中を結んだ仏教僧

波濤を超えて決死の渡海

目次

デザイン　田内　秀

はじめに

中国と日本の間は、いわゆる地続き・陸続きではなく、海洋が横たわっている。しかし七世紀頃から遣隋使が往来し、唐朝になってからは、一時代を築く文化交流を打ち立てた遣唐使が約二十回にわたって往還した。十世紀になって唐朝の影響力の低下もあって、遣唐使はついに廃止となったが、それ以後はむしろ中国・渤海・日本の商船が想像以上の頻度で日本と中国の間を航海し、有形・無形の文化交流に多大の貢献を果たした。こうした日中の海を挟んだ積極的な交渉の模様を「一衣帯水」と呼んでいることはよく知られている。

これまで、この『中国文化百華』シリーズの中で、公的使節としての遣隋使・遣唐使の役割、また実際に使用した船舶の事情、あるいは日中交流仏教僧の中でも最初に最大の役割を果たした鑑真和尚の渡海については、すでに専著が刊行されている。

本書は、少し時代幅を広げて、日本でいえば奈良時代から、最も日中の仏教僧が頻繁に往来して唐文化を伝えた平安時代、さらには中国の宋朝が興って後、新興の禅仏教を積極的に伝えた鎌倉時代から室町時代の日中仏教僧の活躍を時系列的に整理したい。

そして、死をも恐れぬ日中求法僧たちによって、新しい仏教の思想・実践、そしてそれをトータルに日本に紹介した総合文化として、どのように展開し、かつ現在の日本文化の主要な部分を構築していったかを要約してみたい。

第一章 仏教僧による日中交流

一、異国僧の訪れた新興日本

古代の中国において、仏教という宗教は、インドの仏陀（釈尊）が説いた教えという意味では、確かに「異国の宗教」、「外来の宗教」であった。ところが、すでに強固な文化体系を確立している中国のような大国では、異宗教という新しい価値体系が紹介されると、土着・既存の文化体系との間に一種の反発と受容が相次いで生じることは、歴史上常に見られてきたところである。

たとえば、五世紀末の僧祐《そうゆう》が編纂した『弘明集《ぐみょうしゅう》』という仏教資料集では、第一巻に『牟子理惑論《ぼうしりわくろん》』という著作を全文収録しているが、そこには中国に仏教が伝わったのちの儒教*・道教*という中国土着系の宗教との論争と付会(すり合わせ)が三十七条の問答に託して興味深く説かれている。

そして、その後二～三百年たった頃には、インド色の強かった仏教も王権との関係を再評価したりして、新しい総合的な中国仏教を生み出していくのである。

その内容の幅と深みを増していった中国仏教は、今度は東アジアの東端に位置する日本の文化に決定的役割を与えることになる。その流れの方向は、おおむね文化レベルの高い中国から日本へと流れていたが、王朝の交替期などでは、一時的に唐朝などの文化的影響力が減退し、逆に日本から活力ある仏教文化が逆流したこともあった。その交流を実質的に支えたのは、仏教僧、とくに中国と日本のそれぞれの仏教僧の死をも恐れぬ求法《ぐほう》の賜物であった。

儒教　孔子［前551？～前479］が説いた道徳・教理を体系化した教え。哲学・思想を儒家思想といい、学問を儒学と呼んだ。中国漢朝の国教とされたために、中国はもとより、朝鮮半島、日本などに広く流布した。

道教　中国の土着的で伝統的な宗教。不老長寿を目指す神仙術と原始的な民間宗教が結合し、それに老荘思想と一部仏教をも採り入れて形成された。

なお、日本の側からいえば、六世紀前半のいわゆる仏教初伝は、当時朝鮮半島において熾烈な争いを行っていた新羅《しらぎ》・百済《くだら》・高句麗《こうくり》の三国鼎立、とくに新羅を支援した唐と、百済からの援軍要請にこたえた日本との政治的対立関係もあって、仏典・仏像・仏僧が直接に伝えられたのは百済経由であった。

しかし、朝鮮半島が新羅によって統一され、かつ日本でも国内政情が落ちついた八世紀からは、主に遣唐使節*による日中の仏教交流が本格化する。たとえば、大仏開眼の前に集団で来日した道璿《どうせん》・菩提遷那《ぼだいせんな》などの異国僧、正規の戒律システムを必死の思いで日本に伝えた鑑真《がんじん》など多くの異国僧、とくに中国僧の尽力によって、日本仏教の基盤が築かれた。

二、遣唐使節による新仏教の伝来

日本固有の宗教文化ではない仏教は、先節で取り上げたように、最初は国家間の交渉の窓口、および政治的亡命希望僧の決死の努力によって、朝鮮半島、とくに百済国を経由して陸続として日本に伝わってきた。

それらが落ちついた頃、日本では外来宗教の仏教の持つ深遠な思想構造と読誦の威力・功徳を高く評価した崇仏派《すうぶつは》の蘇我《そが》氏*などによって積極的に受容され、当時、推古天皇《すいこてんのう》の摂政《せっしょう》であった聖徳太子《しょうとくたいし》*を崇仏のシンボル的存在として前面に押し出すことになった。

実際、現在に伝わる奈良法隆寺の夢殿の秘仏救世観音《くぜかんのん》、ならびに金堂本尊の釈

遣唐使節　中国大陸では628年に唐が隋に代わって中国を統一、東アジア諸国に強い影響力を及ぼすようになった。わが国はそれまでも宋（南北朝）や隋に使節を送っていたが、630年（舒明天皇）に犬上御田鍬を代表とする使節を派遣した。以後、遣唐使節は894年に中止されるまで、第19次260年にわたって派遣され続けた。国の正式な外交使節であったため、大使、副使、判官などの役人が中心となり、それに大陸の先進的な文物や技術・制度を得る目的もあったので、多数の留学生や留学僧も随行した。このため一行は通常100～250人、多いときには600人もで構成された。7世紀には120人乗りの船2隻だったが、8世紀に入ると150人乗りの船4隻に分乗して唐に向かった。

迦三尊などには、聖徳太子およびその一族との関わりを示す銘文や文献が伝えられている。また、仏教美術史の視点からその表現様式に注意を払うと、いわゆる百済様式をさらに超えて中国の北魏《ほくぎ》時代の如来像・菩薩像との類似が顕著である。

こうした新来の仏教思想の持つ普遍性と人間性を新たに始めた遣隋使*に持たせて、一種理想主義的な仏教を拠りどころとする国際交流をはかろうとしたのが、聖徳太子であった。有名な「日出ずる処の天子、日没する処の帝に申す云々」の言葉が、時の隋皇帝の煬帝《ようだい》の気にさわったのは、むしろ当時の隋と日本（大和朝廷）の国力差から判断しても決して不思議なことではない。秦・漢の大帝国以来、数百年ぶりで中国の大部分を支配に収めた隋ではあったが、制度的な政治構造を作る暇もなく、二代で滅びてしまった。そのあとの混乱をいち早く鎮め、中国の北部、南部、そして東部と西部を統治する大唐帝国という大国家を形成したのは、高祖李淵《りえん》（統治六一八～六二六）と第二代の太宗李世民《りせいみん》*（六二六～六四九）による創業・守成の二代による偉業であった。

多数の賢臣を有効に利用して、効果的な政治制度、租税制度、軍事制度、そして地方制度を確立した唐朝は、そののち武周《ぶしゅう》革命、安史《あんし》の乱などによって一時的に混乱することはあっても、約二百五十年にわたって東アジアの巨大国家を維持してきた。本書で取り上げる入唐僧の大部分が、「大唐」、「巨唐」という言葉を多用するのは、決して中国に対する政治的持ち上げではなく、実際にその国力とそこから生み出される内容の濃い文化に強く魅せられていたからである。

崇仏派の蘇我氏　6世紀の後半、百済の聖明王は欽明天皇に仏像と経典などを贈り、仏教を礼拝することの功徳を説いた。天皇はその受容を迷ったが、積極的に受け入れたのが時の大臣、蘇我稲目だった。稲目の子、馬子は仏像をもらい受け、自邸に仏殿を造って祀った。これに対し、古い豪族で、軍事と祭祀を司ってきた物部氏が激しく反発、大連、物部尾輿は廃仏を主張して譲らなかった。蘇我系の用明天皇逝去後の587年、皇位継承を巡って一気に蘇我・物部の対立が先鋭化、馬子は厩戸皇子（聖徳太子）を押し立て、尾輿の子、守屋を攻撃、攻め滅ぼした。仏神加護を祈って進撃勝利したこともあって、推古天皇の治世では聖徳太子によって十七条の憲法が作られ、仏教の精神を基調とした文化の基層が形成されることになった。→p.7

そのために、日本の奈良朝から平安朝にかけての天皇をはじめとする為政者たちは、政情が安定していたり、さらに次の発展を期する場合には、官立の文化輸入使節として遣唐使を派遣した。さらに、平安前期頃までは、政治的、軍事的利用で、民間（主に唐・新羅・渤海《ぼっかい》）の商船を利用できる機会が少ないために、どうしても遣唐使船に乗せてもらうことが第一条件となる。

仏教僧の側でも、聖徳太子の頃以降、百済の滅亡に係る唐と大和朝廷の対立状況もあり、しばらく新しく展開した中国仏教が集中的に日本に伝わることは、ほとんどなかった。しかし、天平時代の頃から、「何か新しい仏教」を求めて奈良の学解《がくげ》（学問）僧を中心に遣唐使節の中に長期留学の留学僧《るがくそう》、もしくは後代には短期留学の請益僧《しょうやくそう》として参加しようとする傾向が高まってくる。彼らを広義の「学問僧」と呼んでいるが、菅原道真《すがわらのみちざね》*の建議によって、正式の遣唐使節が廃止される寛平六年（八九四）まで遣唐使節に付随する学問僧による新仏教の伝来が歴史的キーワードとなるのである。

三、曼荼羅・密教図像の果した役割

仏教僧による日中文化交流の眼目は、中国僧による新しい仏教の伝来と、それに呼応する日本僧の入唐による新仏教とその資料の請来にあることは言うまでもない。その中でも平安前期に集中する八名の入唐僧は、いずれも（常暁のみは例外）真言宗*、もしくは天台宗*に属する僧であり、第一人者の空海が持ち帰った密

聖徳太子［574〜622］橘豊日皇子（後の用明天皇）と穴穂部間人皇女の長子として生まれ、厩戸皇子と名付けられた。聖徳太子は死後の尊称。皇子の両親はともに蘇我氏の血縁で皇子は天皇家と蘇我氏を固く結びつける存在だった。わが国最初の女帝である推古天皇のもと、皇子は「摂政」となり、蘇我馬子とともにトロイカ（三頭）体制で飛鳥時代の国政を担った。603年冠位十二階の制度を制定、翌年には十七条憲法を定めた。皇子は32歳の時斑鳩宮に移って新しい都市構想を具現化、そこに仏教の学問所、斑鳩寺（法隆寺）を建立した。また皇子は、朝鮮、中国との交流に力を入れ、遣隋使・小野妹子に託した国書に、「日出処天子」と書いて、対等外交の気概を見せた。→p.7

教経典・曼荼羅*・論書・仏具を出発点とし、それを凌駕し、さらに展開させた新しい密教の基準資料を請来しようと試みた。常に密教が外部（外国）からの刺激を受けて発展する都・長安、東都・洛陽はもちろん、以前はいわば単なる港町的な役割しかなかった福州、越州などからもかなり系統の異なった密教資料を持ち帰ることに成功している。

次に、資料の種類の違いから述べると、密教の場合、聖なるほとけを図像として描いた白描図像と、それらを踏まえて複数のほとけたちを全体でラインアップした曼荼羅が非常に重要な意味を持つ。威力を好む密教の場合は、一体どんな働きと意味とその具体的な姿を表した「ほとけ」を自らのものとするかによって、その信仰と普及が決定されると言っても過言ではない。

この分野で大きな成果を上げたのは、円仁・円珍という天台宗の強力な二師と、両者に負けじと真言密教の図像学・尊格史（ほとけの歴史）の仕上げを行った宗叡である。三人の活躍とその歴史的意義は、第六章と第七章で詳しく論じる。

四、唐から宋、そして明へ

本書では、中国と日本の文化交流の中継者となった仏教僧を中心に、双方からのアプローチと他方側の受容のあり方に関心を払って、以下編年的に、かつ各論的に重要な役割を果たした人を取り上げていく。人物のほとんどが仏教僧であるために、結果的に日中両国間の仏教交流、より限っていえば新しいタイプと内容

遣隋使　日本から中国隋に出された交流使節。推古天皇の摂政だった厩戸皇子（聖徳太子）が派遣したもので、皇子が摂政の地位にあった29年間に確認されているだけで5回以上派遣された。607年、遣隋使小野妹子に持たせた国書に「日出処天子…」の文言がある。小野妹子は時の隋の皇帝、煬帝に「沙門（出家者）数十人を同行した」といって、仏教を学ぶための助力を懇願した。煬帝は『日出処…』の表現に腹を立てながらも助力を約し、翌年帰国する小野妹子に答礼の使者を同行させた。→p.8

太宗［626〜649］唐の第2代皇帝。李世民。父李淵とともに隋を滅ぼし建国。唐朝の基礎を確立し、その治世は、貞観の治と称される。→p.8

の中国仏教が順次日本に紹介され、かつ請来されることに重点を置く。
そこで次に、個々の交流仏教者の母国にあたる日本と中国の歴史的背景を基準として、主に中国側の時代と王朝の変遷と、そこから特徴的に見えてくるものを列挙しておきたい。

主たる情報発信国の中国では、異文化というべきインド仏教が初めてシルクロード経由で漢民族に伝わったのが後漢の初め、紀元後一世紀の頃といわれている。その後、約三百年ほどかけて、中国固有の儒教や道教などと反発と受容の交渉を続けながら、大乗仏教*一色にほぼ統一された中国仏教が形成された。ただし、広大な国土を有する中国なので、北と南では主力となる民族とそれらが好む仏教のタイプが相当に異なっている。

すなわち、騎馬民族の中でも有力な鮮卑《せんぴ》族が興した北魏の仏教は、種々の仏像や現世の利益を祈願する現実的な仏教信仰であったのに対し、南朝というべき宋・斉・梁・陳の漢人国家が好んだ仏教は、前代に流行した老子・荘子の深淵な哲学を導入したインテリ好みの教養仏教であった。

こうした南北の民族と文化の異なる国家を政治的に統一したのが隋であったが、二代の王者でいったん国が滅んでしまう。そのあと、再び、かつ強固に中国全土を統一し、王者（皇帝）・貴族を中心に強力な政治制度と統治制度を作り上げたのが、「大唐」帝国であった。その中心にあって、仏教は比較的自由な活動を許され、複数併存していた有力な経典や論書を深く理解した高僧によって、多

菅原道真［845～903］平安中期の学者、政治家。18歳で文章生試に合格、32歳で文章博士に任じられた。35歳の時父親が没し、菅原家が経営していた私塾「菅家廊下」を継承。41歳で讃岐守に任じられ、国務に就いた。それ以後、宇多天皇の目にとまり、蔵人頭に抜擢されたのを機に官位を累進し国政に関わり、いわゆる「寛平の治」の実績を上げた。894年、在唐僧中瓘からの報告もあって遣唐使派遣を中止したことはよく知られる。娘を皇室に入れるなど宇多上皇との繋がりを強めたことで時の権力者たちから警戒され、右大臣に昇進したあと、上皇が都を留守にしたときに密かに追放が画策され、太宰府に左遷されることになった。道真没後およそ30年、都の清涼殿への落雷が「道真の怨霊」と恐れられ、天神として祀られるようになったが、その後学問、文学の祖として祀られるようになった。→p.9

種多様な学派や宗派が形成されることとなる。世にいう「百花繚乱の大唐仏教」の絶頂期である。すなわち、天台・法相・三論・華厳などの大乗諸宗をはじめ、より伝統的な律、そして中唐から晩唐にかけて一世を風靡した密教*など、その内容は豊富である。奈良時代から平安時代にかけて、主に遣唐使船に便乗した学問僧たちは、主にこの分野の中国仏教を日本に伝えたのである。

二百五十年栄えた唐王朝ではあったが、外圧というよりは一種の制度崩壊をおこして滅亡し、いずれも短命の五代王朝を経て、九六〇年、宋朝が誕生した。中国大陸の中心部である晋陽《しんよう》・開封《かいふう》に拠点を置いた宋朝は、のちに北方異民族との領土抗争に手を焼くことにはなるが、第八章で詳しく述べるように、漢人統一国家としては、科挙《かきょ》*という官僚選抜試験によって優秀な若手の人材を登用し、かつ塩・茶などの専売制を有効に利用して、少なくとも北宋の時代には、唐朝よりも強固な皇帝独裁政治を築き上げた。

それにともない文化の担い手というか、支持層のレベルが二極化したのも宋代の大きな特徴である。つまり、高級官僚となった士大夫階層を中心に、儒教思想を柱とした一種の復古主義が朱子学《しゅしがく》*のもとに説かれるとともに、その傍流ではあるが、深遠な華厳や中観、禅の仏教哲学の要素が導入された陽明学《ようめいがく》*も流行した。

一方、下層というべき庶民の側では、インテリ嗜好の教養仏教は敬遠され、生活と信仰に即した禅と念仏（浄土）の実践的仏教一色となる。いわば日本の鎌倉

真言宗　中国の密教を空海が伝えて、日本で創始した宗派。東寺を本山とする密教の意味で、東密ともいう。→p.9

天台宗　中国の智顗を高祖とし、最澄を宗祖とする日本八宗、中国十三宗の一つとされる。密教の要素もあり、台密と呼んだ。→p.9

曼荼羅　梵語のマンダラの音写。悟りの場の意味があり、仏・菩薩等が集まった姿を描いた図をいう。主として密教教義から生まれた。→p.10

大乗仏教　大乗は大きな乗り物の意で、自分一人の悟りではなく、多くの他者を救済（利他）することを目的とする教え。→p.11

密教　深遠でその境地に達した者以外には窺うことのできない秘密の教えという意味で、これに対し表面上に顕れた教えを顕教という。インド大乗仏教の一環として現れ、中国、日本のほかネパール、チベットなどに広まった。日本では真言宗系を東密、天台宗系を台密という。

雲崗の石窟

科挙　中国の随・唐時代に行われた高級官吏の任用試験。秀才、進士、明経など6科に分け、経典、詩文などを試験した。

朱子学　中国における儒学の一派で、南宋時代に朱熹によって大成された学問。漢代の学問が五経を中心としたものであることを批判、直接四書によって孔孟の思想をとらえようとした。日本では戦国時代から江戸時代の初めにかけて発展、藤原惺窩、林羅山らを生んだ。いわゆる「寛政異学の禁」で朱子学の官学化が進んだ。

陽明学　中国明の時代に王陽明によって唱えられた朱子学と並ぶ儒学の一大流派。人は生来持っている良知（是非、善悪、正邪の判断力）を養って、知識と実践を一体化すべしとする学説。日本での始祖は江戸時代の中江藤樹。

仏教のような個人化、庶民化の仏教が大きく台頭してくるのが、宋代後半期（南宋）の特徴であり、この傾向がさらに徹底するのが、宋朝を倒して一時に中国全土をも支配した元朝が北に引き上げたのちに、漢人王朝として復興し、近世中国文明の端緒を開く明王朝のときであった。

第二章　奈良朝の仏教交流

一、遣唐使節中心の日中交流

わが国に仏教が一つの制度化された文化体系として導入されたのは、六世紀中頃とされている。本書の主要テーマである日中交流という視点が次第に明瞭になってくるように、六世紀の中端頃までの仏教文化は、朝鮮半島の百済《くだら》・新羅《しらぎ》・高《こう》句《く》麗《り》の三国を経由する北ルートによって主にもたらされていた。その後、隋・唐との関係を基本軸にして、三国の勢力バランスが崩れ始め、日本への仏教伝来に大きな部分を占めた百済は、唐と新羅の連合軍に攻められて滅亡する。天智二年（六二二）、白村江《はくそんこう》の戦を経て、百済復興勢力が沈黙すると、天智七年（六六九）には残る高句麗を滅ぼし、新羅が朝鮮半島を統一した。新羅と敵対関係にあった日本は、これまでの北ルートを用いる仏教導入が困難となったため、中国との直接ルートを持つ必要が生じた。それが、日本僧の遣唐使節参加であった。

奈良期における日中両国の仏教交流は、基本的には仏教先進国である中国から、仏教の教義や実践・経典や尊像等が新興の日本に流入する形で、複数回にわたって交流が持たれて行われた。その大部分の直接の契機となったのが、日本側から約二十年ごとに実施された遣唐使節に参加する長期滞在型の留学僧《るがくそう》や短期滞在型の請益僧《しょうやくそう》たちの働きであった。両者をあわせて「学問僧」と称する。

中国の先進技術や文化、海外事情の収集を主たる目的として派遣された遣唐使節であるが、中には天平勝宝の遣唐使のように、政治的理由よりも、むしろ当時

■八世紀頃の留学生と学問僧

	入唐使節	帰朝使節	在唐年数	備考
道慈	大宝	養老	十七年	
弁正	大宝	（客死）	？	
勝暁	？	養老	？	
大和長岡	養老	養老	――	請益生
阿倍仲麻呂	養老	（客死）	（五十余年）	
吉備真備	養老	天平	十八年	
玄昉	養老	天平	十八年	
理鏡	？	天平	？	
秦大麻呂	天平	天平	――	請益生
栄叡	天平	（客死）	（十六年）	
普照	天平	勝宝	二十一年	
玄朗	？	（客死）	？	唐で還俗
玄法	？	（客死）	？	唐で還俗
業行	？	勝宝	？	
船夫子	？	勝宝	？	
藤原刷雄	勝宝	勝宝	――	請益生
行賀	勝宝	七八二年	三十一年	
戒融	？	七六三年	？	
膳大丘	宝亀	宝亀	――	請益生
伊余部家守	宝亀	宝亀	――	請益生

の日本仏教に不足していた戒律の専門僧を迎えるという、宗教的理由の派遣もあったようである。

なお、序論でも触れたように、『日本書紀』*が記す、聖徳太子が小野妹子《おののいもこ》らを派遣したことに始まる遣隋使は、実施の最初から仏教を触媒軸とした日中の政治交流の色合いが濃かったが、遣唐使の頃になると対等を求める仏教的志向は多少影を潜め、唐朝で次々と生み出される唐代仏教、さらには密教、禅など新たな仏教動向が個別的に紹介されるようになる。そして、何よりも仏教が育む文化を狭い枠内の宗派だけに限定させずに、より人間生活に関わる文化体系として巨視的に把握しようとするところに、平安時代から鎌倉時代に及ぶ日中の仏教文化交流の新しい展開があったと総括することができる。

それでは具体的に、遣唐使節とともに留学のために入唐した者たちの軌跡をたどってみよう。八世紀の奈良時代における主な留学生と学問僧（留学僧・請益僧）たちが入唐・帰朝時に随った遣唐使節について、いささか古い研究ではあるが、青木和夫氏がまとめたものを掲げる。

帰朝の文書記録については、ある程度の成果が上がり、業績を積んでいることもあって比較的多く記録が残っている。しかし、入唐時の大部分の同行者の姓名は現在まで伝わっていない。また、大宝の遣唐使節に随行した弁正《べんしょう》のように中国で客死した者、『古今和歌集』*に収められた望郷の歌でも有名な阿倍仲麻呂《あべのなかまろ》や、おそらく仲麻呂と同じ遣唐使で渡唐し、近年に墓誌銘が発見されたことで一躍注

聖徳太子像［円成寺所蔵］

『日本書紀』 720年に成立した日本の歴史書。681年、天武天皇は12人の皇子、官人に「以前の天皇や上古の諸事を記録にまとめよ」と命じ、それから約40年後、元正天皇の時に完成した。わが国で『古事記』に次ぐ古い書物とされる。全30巻で、うち1、2巻は神話にあてられ、第3巻から30巻までは歴代諸天皇の記述にあてられている。

『古今和歌集』 最初の勅撰和歌集。全20巻。醍醐天皇の命により、紀貫之、紀友則らが撰し、905年頃に成立した。六歌仙、選者らの歌約1100首が収められている。

目を集めた井真成《せいしんせい》のように、唐朝に長く仕えたり、あるいは志半ばで病を得たりして、帰国を果たせないままに異国の土と化した者も決して少なくなかったであろう。

先掲の表より時代が下がった平安時代には、多くの学問僧たちが渡唐を望んだ。彼らの中には、実施される間隔が長く、しかも初期のような積極的文化摂取のエネルギーが衰えてきた公的使節の船便に頼らず、新羅や唐、渤海国などの民間商船に便乗して往来する方法を選択する者もいた。延暦元年（七八二）に在唐三十一年の末に帰朝したといわれる行賀《ぎょうが》を、その一例に挙げる説もあるが、明確にいずれの民間船の便に乗ったかを伝える史料はない。宝亀十年（七七九）、唐使・孫典進《そんてんしん》を送るために建中元年（七八〇）に渡唐した布勢清直《ふせのきよただ》の戻り船に便乗した可能性もある。

二、法相宗と火葬の伝来——道昭

約二百年におよぶ遣唐使節の歴史の中で、画期的な転換点となったのが、大宝二年（七〇二）六月に出発した大宝の遣唐使である。以後、慣例となる四隻立ての船団で、粟田真人《あわたのまひと》*を執節使、高橋笠間《たかはしのかざま》を大使、坂合部木分《さかあいべのきわけ》を副使とする大掛かりなものであった。

それまでの六、七次にわたる遣唐使節は、朝鮮半島の海岸線に沿って北上し、最終的には渤海湾《ぼっかいわん》・山東《さんとう》半島に到る「北路」を取っていたが、遭難・漂着が相次

粟田真人 あわたのまひと［?～719］奈良時代の公卿。702年、遣唐使節として唐へ出発。同行者には僧道慈や万葉歌人・山上憶良らもいたといわれる。則天武后に謁見、704年に帰国した。白村江の戦（663年）以来初めての遣唐使として、直接唐との外交関係を建て直したことが高く評価され、中納言に任命され、国政に参与するようになった。

「井真成墓誌」の拓本
［撮影：王維坤／提供：西北大学・専修大学］

飛鳥寺の大仏

ぎ、都（長安・洛陽）まで辿り着いたのは、斉明天皇五年（六五九）の遣唐使節のみといわれている。便宜的に第四次に数えられるこの使節は、第一船が往途で南海の島まで流され、大使・坂合部石布《さかあいべのいわしき》らが殺害されたが、二年後の斉明天皇七年（六六一）五月には、第二船が無事に日本へ帰着した。

この戻り便の乗船者の中にいたのが、道昭《どうしょう》（六二九〜七〇〇）である。『続日本紀』巻一、『元亨釈書《げんこうしゃくしょ》』巻一などによれば、河内丹比《かわちのたんぴ》（大阪）の人で、船連恵釈《ふなむらじえしゃく》の子と伝えられる。若くして法興寺《ほうこうじ》（飛鳥寺《あすかでら》）に入住し、二十四歳の時に入唐した。この年、白雉四年（六五三）には、吉士長丹《きしのながに》を大使に、吉士駒《きしのこま》を副使とする第二次遣唐使節が派遣されているが、同行した学問僧（留学僧・請益僧）に関する記録はない。この使節団は長安まで辿り着いた可能性が高く、当時はまだ民間の商船に便乗する方法を選択できた公算はないため、やはり縁あって白雉の遣唐使に同行していたものと考えたい。

『元亨釈書』や『本朝高僧伝』などの中世から近世にかけての伝記資料を採用するならば、日中の仏教交流上における道昭の特筆すべき位置は、玄奘三蔵《げんじょうさんぞう》＊から直接法相唯識の教えを受け、帰国後には『摂大乗論』などを中心とした唯識論書を広め、わが国における法相宗の第一祖（南寺伝）とされたことにある。実際、法相宗の祖師曇荼羅にはいくつかの系統があるが、種類によっては道昭の姿を認めることができる。

また、道昭は遺命により、日本僧としてはわが国で初めて火葬されたという。

玄奘三蔵　げんじょうさんぞう［602?〜664］中国唐代の僧。法相宗の開創者。13歳で出家、20歳で具足戒を受けた。中国での仏教研究に限界を感じインド留学を決意。629年長安を出発。幾多の困難を乗り越え、アフガニスタンからインドへ入り、ナーランダ寺などで学び、645年帰国。その後太宗の命で多くの仏典を翻訳した。著書『大唐西域記』は有名。日本では三蔵法師の名で知られている。［興教寺所蔵］

玄奘自身、中国僧としては珍しく火葬（荼毘《だび》）に付されており、インド伝来の仏教の在り方を中国を通して日本に伝えたと推測することもできよう。仏教が古代インドで成立した普遍宗教であること、および釈尊自身の伝記からも知られるように、火葬され、その遺骨を供養する仏塔（ストゥーパ）が各地に作られたことは、仏教文化の大きな特徴となっている。

三、三論宗と求聞持法の伝来――道慈

大宝二年（七〇二）に進発した通称第八次の遣唐使節に話を戻そう。この使節は、わが国の天武四年（六七六）に新羅が朝鮮半島を統一したことを受けて、従来の主経路であった朝鮮半島の海岸線を経由する北路を断念し、北九州から五島列島に寄港して、直線的に東海を西進する南路をとったことで知られている。

大宝の遣唐使に参加した学問僧たちの名前の記録は残されていないが、この使節に同行したと推測されるのが、三論宗の入唐学問僧の道慈《どうじ》*（？～七四四）である。『続日本紀』巻一五の記述によると、大和添下《そえしも》の人で、俗姓を額田《ぬかた》氏といった。法隆寺の智蔵《ちぞう》に三論を、岡寺の義淵《ぎえん》に法相唯識を学んだと伝えられるが、すでに盛唐から中唐にかけて学派・宗派として成立していた大乗仏教の論書を基本テキストとする仏教を、入唐以前に修めていたことは確かである。

「三論宗」の「三論」とは、インド中観派の学匠・龍樹《りゅうじゅ》が撰した『中論』、『十二門論』、その弟子・提婆《だいば》の『百論』を指す。中国で成立した三論の教えのわが

三論宗　中国十三宗の一つ。龍樹の『中論』『十二門論』とその弟子提婆の『百論』の三論による宗派。日本では奈良六宗の一つとして栄えたが、後に法相宗の寓宗になった。宗派とはいってもここでは学派のことで、奈良の古寺ではいくつもの学派（宗）を兼学して学んだ。元興寺、法隆寺、東大寺などで広められた。

道慈　どうじ［?～744］奈良時代の三論宗の僧。遣唐使とともに中国へ渡り、三論や密教を17年間学んで帰国した。大安寺を平城京に移す任に当たり、同寺に住んで三論宗を広めた。［大安寺所蔵］

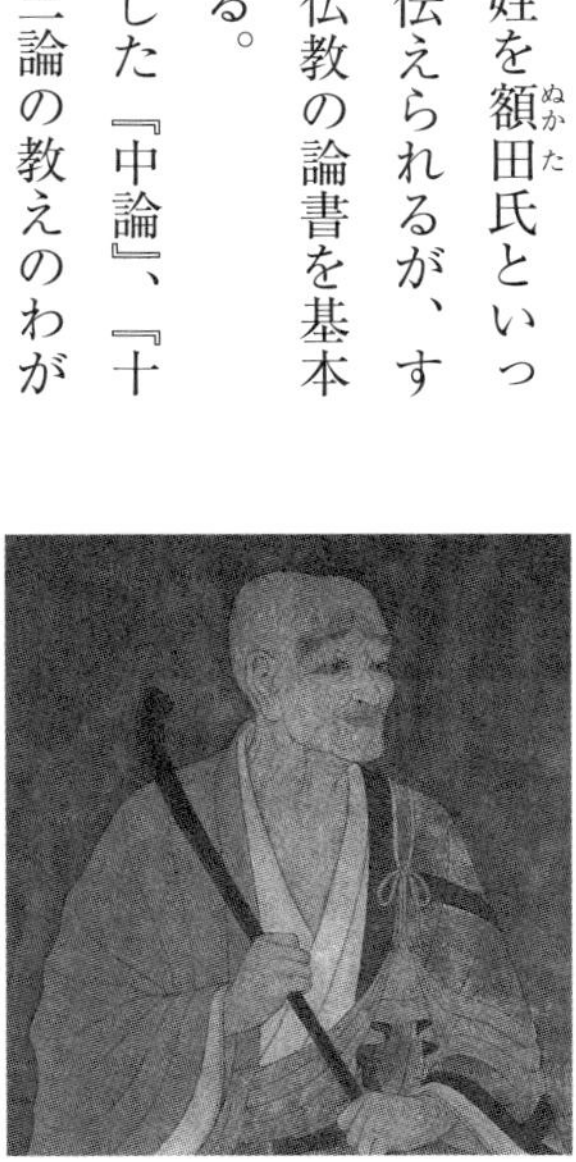

国への伝来は、中国の吉蔵の弟子で高句麗僧の慧灌《えかん》が伝えた初伝、渡来人である智蔵が入唐して重ねて伝えた第二伝、そしてこの道慈が伝えた第三伝（大安寺流）の三つの系譜がある。

『続日本紀』によると、道慈は「大宝元年、使に随って入唐」とある。この年の一月には押使《おうし》（統領者）の粟田真人らが任命され、五月に節刀を授与されているが、実際に筑紫を出航したのは、翌年の大宝二年（七〇二）六月のことであった。同時期、正式に中国に渡った他の船の記録がないことから、当時まだ若年であった道慈が入唐したのは、この大宝の遣唐使に従ってのことと考えられる。

中国での学業について、『続日本紀』では「経典を渉覧《しょうらん》し、最も三論に精《くわ》し」と記すのみであるが、やはり日本で専門として身に付けた三論宗の勉学に最も力を注いだことであろう。これだけの事績であれば、日中仏教交流史の上で道慈の果たした役割は、さほど特筆すべきものではなかっただろうが、彼はさらに多くの知識を得て、日本仏教の発展に貢献している。中世仏教の史料であるが、『八《はっ》宗綱要《しゅうこうよう》』の撰者としても名高い東大寺の凝然《ぎょうねん》（一二四〇～一三二一）が著した『三国仏法伝通縁起《さんごくぶっぽうでんつうえんぎ》』の道慈の項によれば、「三論を本《もと》と為し、兼ねて法相真言等の宗を弘む」とあるように、三論・法相の勉学に加えて、実に密教系の教えをも受けたとする。同書には、道慈は長安城右街（右京）延康坊の西明寺に止宿し、インド密教僧・善無畏《ぜんむい》＊（六三七～七三五）から真言の教えを受け、とくに善無畏が開元五年（七一七）に訳出した『虚空蔵菩薩能満諸願最勝心陀羅尼求聞持法』

善無畏 ぜんむい［637～735］インドの僧。インド烏荼国の王子だったといわれ、出家して密教を学び、80歳の時中国・長安に入り、『大日経』など密教経典を漢訳した。真言宗伝持の第五祖。
［白描先徳図像（重文）／東京国立博物館所蔵］

をも伝えたとも記されている。

道慈が滞在した西明寺は、約百年後の延暦の遣唐使で入唐した空海が活動拠点とした寺院であり、そこを足掛かりとして醴泉寺《れいせんじ》の般若三蔵《はんにゃさんぞう》*や青龍寺《せいりゅうじ》の恵果《けいか》和尚とめぐり会った。その際、恵果の師であった大興善寺の不空三蔵《ふくうさんぞう》*（七〇五～七七四）や般若三蔵の訳場で活躍した史家の名僧・円照から多くの影響を受けたことはよく知られている。また、入唐前の若き空海も身を投じた山林修行は、いわゆる古密教と深く関係すると考えられる。古密教において、瞑想供養法として修せられる虚空蔵菩薩求聞持法の典拠となる数少ないテキストは、善無畏訳とされる『虚空蔵菩薩能満諸願最勝心陀羅尼求聞持法』一巻であることも古くから知られている。

日本での求聞持法の流行の文献根拠が、善無畏訳ですべて解決されるのか否かは、専門家の間でもいささか見解の分かれるところである。しかし、道慈が次の遣唐使節、すなわち養老元年（七一七）に日本を発ち、翌二年（七一八）に帰国した養老の遣唐使節の戻り便で、玄昉《げんぼう》や吉備真備《きびのまきび》*と入れ替わりに帰国したとする『元亨釈書』等の説に従えば、道慈こそが求聞持法のテキストを携えて帰朝し、日本に修法を普及させたと考えたとしても大過ないであろう。

密教との関連に着目するならば、道慈は帰朝後、善無畏に学んだ教えを弟子の善議《ぜんぎ》に伝えており、孫弟子にあたる大安寺の勤操《ごんぞう》へと教えが繋がったという伝承があり、この勤操が、従来、空海に求聞持法を教えた「一沙門」だと考えられて

般若三蔵　はんにゃさんぞう［734～?］北インドの人で、ナーランダ寺に学び、広州から長安に入り、『六波羅蜜経』『華厳経』（四十華厳）などを漢訳した。

不空三蔵　ふくうさんぞう［705～774］西域の人。長安に来て金剛智の弟子となり、洛陽で経の翻訳に従事、師の逝去後セイロンへ行って多数の密教経典を持ち帰り漢訳。鳩摩羅什、真諦、玄奘とともに四大翻訳家と称された。真言宗では付法の六祖。

玄昉　［興福寺所蔵／平田寛編『図説日本の仏教1』（新潮社）より］

いた。ただし、最近の研究では、同じく大安寺の僧で、奈良朝後期の入唐学問僧として戒明《かいみょう》を「一沙門」に相当させる説が有力である。

ちなみに、戒明が入唐時に伝えたとされる『勝鬘義疏』（聖徳太子撰とされる）に、揚州・法雲寺の天台僧・明空が註釈した『勝鬘経疏義私鈔』一巻を、のちに入唐した円珍らが持ち帰っている。

四、古密教と一切経の伝来――玄昉

養老元年（七一七）に進発した遣唐使節に同行し、在唐十八年、多くの成果をあげた末に天平六年（七三四）以降に帰朝した玄昉と吉備真備の二人は、奈良時代に派遣された学問僧・留学生の中でも、最も公的使節の特権を生かした例であり、しかも帰朝後に政治的にも宗教的にも非常に大きな成果を残した例でもあった。

玄昉（?〜七四六）は大和の人で、俗姓は阿刀《あと》氏。『続日本紀』巻十六と、それに基づく『扶桑略記《ふそうりゃっき》』巻六によると、大和・岡寺の義淵《ぎえん》に新興の法相を学んだ後、養老の遣唐使節の一員として入唐し、法相宗の教理研究の基準となる「唯識三箇の疏」の一を撰した唐僧・智周《ちしゅう》に師事して研鑽した。頭脳明晰で行動力にも優れた玄昉は、時の玄宗皇帝から、高僧にのみ許された紫衣《しえ》（紫色の袈裟）を下賜されたと伝えられている。

当時、まさに唐文化が絶頂期を迎える中唐時代。各種の唐代仏教に加えて、太

吉備真備　きびのまきび［695〜775］奈良時代の公卿、学者。備中国下道郡（岡山県中西部）出身。大学を経て官途につき、公卿まで登りつめた史上稀な経歴を持つ。717年、23歳の時に入唐留学生となり、その優れた学問は唐でも有名になった。帰国の際、唐礼、大衍暦をはじめとする多数の漢籍や器物を持ち帰り、献上した。一緒に帰国した僧・玄昉とともに、橘諸兄の政治的ブレーンとして活躍するようになる。751年、遣唐副使として再び入唐。帰国後の764年には造東大寺司長官に就任。藤原仲麻呂の乱に際しては中衛大将として平定に当たった。
［小堀鞆音筆／吉備寺所蔵］→p.23

宗・武后の時代から爆発的に流行しはじめた陀羅尼《だらに》信仰と変化観音《へんげかんのん》信仰を柱とする古密教（雑密《ぞうみつ》とも呼ぶ）が、仏教界にも大きな影響を与え始めていた。同時代の開元十八年（七三〇）、崇福寺の智昇《ちしょう》によって新たに編纂された一切経（大蔵経）五千余巻とその総目録である『開元釈教録《かいげんしゃっきょうろく》』、および関係するいくつかの仏像を、天平六年（七三四）の天平の遣唐使節（大使・多治比広成《たじひのひろなり》）の戻り便で帰国する際に持ち帰ることができた。帰朝後は、奈良の興福寺に止住を許され、唐朝の政治情報と新仏教に関する厖大な資料を大いに駆使して、わが国でも初めてというべき仏教主導型の護国思想を鼓吹した。

その積極的な活躍を評価されて僧正に任じられると、唐朝の事例に倣って宮中の内道場《ないどうじょう》（仏教専用の祈祷道場）に出仕し、聖武天皇*の母・藤原宮子《みやこ》の病気平癒に効験を示したという。このような天皇・皇族の病気平癒や精神的支柱となることに力点を置く護持僧的な役割は、唐の玄宗皇帝の頃から始まった国家の混乱に対して、密教の祈祷力を強調した不空の活躍（狭義の中国密教）を意識したものであった。聖武天皇の子・孝謙天皇の寵愛を受けた道鏡《どうきょう》（?～七七二）にも大きな影響を与え、後世の歴史家に奈良朝仏教の堕落と批判されることが少なくないが、その発端を開いた玄昉にとっては、中唐期から晩唐期にかけての中国密教の必死の生き残り策を、結果として有効に取り入れたものといえよう。

政治面では、留学生として玄昉と同じ遣唐使節で入唐した吉備真備が、帰朝後直ぐに中国の法制の基本となっていた『唐礼《とうれい》』と、一行禅師が勅に従い編纂した

聖武天皇　しょうむてんのう［701～756］在位は724～749年まで。文武天皇の第一皇子で、母は藤原不比等の娘、宮子。在位中天皇は母を尊び、「大夫人」の称号を付与することにしたが、これに異を唱えたのが左大臣、長屋王であった。そのうちに長屋王謀反の知らせがもたらされ、天皇は軍を派遣した。屋敷を包囲された長屋王は弁明することなく自刃して果てた。天平七年（736年）頃、しきりに災害や異変が多発し、疫病も流行したため、天皇は次第に唐より帰朝した玄昉を通じて、仏教への帰依を深めた。

太陰太陽暦の暦法である『大衍暦《だいえんれき》（経）』を献上した。真備は、儒学を修めた官人の留学生であったが、日常制度的な新資料ももたらした。折しも朝廷で絶大な権力を誇っていた藤原不比等《ふじわらのふひと》*の子の武智麻呂《たけちまろ》・房前《ふささき》・宇合《うまかい》・麻呂の藤原四兄弟が天然痘で相次いで世を去り、その後に権勢を振るった橘諸兄*のブレーンとなって、ともに唐で勉励した玄昉と、出世間と俗世間の両面において影響力を発揮した。

とくに玄昉は、自らが請来した伽梵達摩《かぼんだるま》訳『千手千眼観世音菩薩広大円満無礙大悲心陀羅尼経』と仏陀波利《ぶっだはり》訳『仏頂尊勝陀羅尼経』の功徳と威力の普及に力を注ぎ、いわゆる千巻写経を推奨するなど、盛唐期から中唐期にかけて大流行した古密教のほとけと陀羅尼の流布をはかった。現在まで残る天平写経の中には、玄昉直筆の願文《がんもん》を記した奥書を持つ古写経が認められる。光明皇后の支持をも獲得した玄昉と真備の急進的な護国仏教の政策は、しかし、奈良時代最大級の争乱を招く一因となってしまう。橘諸兄によって中央政権を追われ、九州・大宰府へ左遷された藤原式家の藤原広嗣《ふじわらのひろつぐ》*（宇合の子）が、政事の得失や天地の災異を理由として、聖武天皇に玄昉・真備両名を除かんことを奏上した。

広嗣の憤懣は、天皇・皇后への批判よりも、身分が低いにも関わらず、新来の唐朝の法制や密教経軌を持ち帰ったことにより急速に力を持った玄昉と真備に対する反感、彼らを重用した諸兄への批判に向けられていたといえる。聖武天皇は召喚の勅を出したが広嗣は従わず、大宰府の手勢や現地勢力をまとめて、北九州

藤原不比等　ふじわらのふひと［659～720］律令国家成立期の政治家。内大臣中臣・藤原鎌足の第2子。長兄は入唐僧・定恵ともいわれる。680年、蘇我連子の娘と婚姻、三子とほかに一子をもうける。この四子は後に南家、北家、式家、京家を興す。689年（持統三年）直広肆判事（裁判官）となったのが正史上の初見。701年（大宝元年）、大納言正三位となって公卿に列した。718年（養老二年）、養老律令の編纂を始めた。

橘諸兄　たちばなのもろえ［684～757］奈良時代の公卿で、恭仁宮遷都、大仏鋳造を推進したことで知られる。藤原不比等の娘を妻とした。その岳父に引き立てられ出世したといわれている。737年新羅使がもたらした疫病（天然痘）が全国に蔓延、有力政治家が次々死んだが、生き延びて大納言に昇進。玄昉や吉備真備をブレーンに政権を掌握した。藤

で反旗を翻した。しかし、急拵えに寄せ集めた反乱軍は、官軍の侵攻によって二ヶ月余りで制圧され、首謀者の広嗣も肥前国で敗死した。聖武天皇側の勝利ではあったが、低位の者に政事を任せ過ぎた管理責任を問われたことは事実であった。天平十三年（七四一）に各地に国分寺建立の詔が、続いて天平十六年（七四四）に毘盧遮那仏像の建立の発願などが出されて、世の中が一段落した翌年 天平十七年（七四五）、玄昉は筑紫の観世音寺へと左遷される。朝廷の権勢は、橘諸兄から藤原武智麻呂の子・仲麻呂（恵美押勝《えみのおしかつ》）へと移っていた。その翌年、玄昉は失意のうちに没したという。

　奈良の東大寺、興福寺の南に位置する高畑町破石《わりいし》には、「頭塔《ずとう》」と呼ばれる土と石を階段状に積み上げた高さ約十メートルの塔が今に伝わっており、大正十一年（一九二二）に国の史跡に指定されている。この特異な建造物は、平安末期に大江親道《おおえのちかみち》が著した『七大寺巡礼私記』に、「玄昉僧正の頭（首）塚」として掲げられている。そこには、

　荒野中、十三重大墓有り。（玄昉）僧正の頭を此の墓に埋めるを以て、故に頭塔と号す。（中略）天平十八年五月二十三日、僧正、大宰少弐《だざいのしょうに》（政庁次官）藤原広嗣の霊の為に、雷撃の剋（落雷）を被り、身体、五個所に散ず。首の落ちし地を以て墳廟と為す

原広嗣の乱を平定し、遷都、大仏の鋳造に力を注いだが、再び勢力を盛り返してきた藤原仲麻呂と対立、次第に圧倒された。都は再び平城京へ還り、辞任に追い込まれ、失意のうちに死去した。

藤原広嗣　ふじわらのひろつぐ［生年不詳〜740］奈良時代の官人で、藤原広嗣の乱（740年）の首謀者。疫病（天然痘）が大流行した737年（天平九年）、藤原氏の中心人物が次々と病死し、式家の中心として藤原氏の権力を取り戻すために行動し、言行両面で時の政権と厳しく対立した。このためか、大宰少弐に任じられ、筑紫へ左遷された。赴任した太宰府では最高位にあったが、橘諸兄中心の政権に上表文を提出して激しく批判、玄昉、吉備真備などを排斥せよと要求、挙兵した。しかし、政府軍に五島列島まで追いつめられ、捕らえられ処刑された。

とあるように、広嗣の霊の祟りであることが明記されている。この話は、他にも『今昔物語集』や『平家物語』、『源平盛衰記』などの平安末から鎌倉前期に編まれた説話集や物語集に収録されている。

近代の歴史学的・科学的研究によって、現存する頭塔は、非業の死を遂げた玄昉の墓である可能性よりも、少し時代の下がった東大寺の実忠《じっちゅう》（七二六〜？）が、天平宝字八年（七六四）に起こった恵美押勝《えみのおしかつ》（藤原仲麻呂）*の乱の後、世情の安穏を祈るために行った善業功徳《ぜんごうくどく》の一端であると考えられている。「頭塔」という名称も、「土塔《どとう》」が訛ったものと一般的にいわれている。時の称徳天皇が、恵美押勝の乱の際に四天王像を祀る西大寺を創建し、その後、三重小塔百万基を造らせて南都の十大寺に納めた護国の供養と軌を一にするものであろう。

とはいえ、平安時代末には、頭塔が「玄昉の首塚」として広く認知されていたことは事実である。新仏教を紹介した気鋭の入唐僧としてよりも、奈良朝の政治に深く関与し、藤原広嗣や藤原仲麻呂らに中央政権に対する反逆の口実を与えた存在としての玄昉の姿の方が、古代の人びとには深く浸透していたのであろう。

五、鑑真来朝

八世紀に渡航した遣唐使節に同行した学問僧のうち、日本の仏教史上、大きな役割を果たした道昭・道慈・玄昉に焦点を絞って、ここまで紹介してきた。とくに、玄昉を伴って帰国した天平の遣唐使節（押使・多治比広成）が天平五年（七

藤原仲麻呂　ふじわらのなかまろ［706〜764］奈良時代の政治家。生来聡明で、読書家、算道（数学）にも精通していたといわれる。天然痘の大流行によって、叔父たちが次々に病死する中、異例の早さで出世を遂げる。東大寺造営に物心両面で尽力、752年（天平勝宝四年）大仏開眼が行われた日、帰途、孝謙天皇は仲麻呂の私邸に立ち寄り、以後しばらくここを御在所としたほど信任が厚かった。孝謙天皇が上皇になると、淳仁天皇を即位させ、政権は仲麻呂の傀儡政権となった。名前も恵美押勝と改名、軍事・財政を恣にした。しかし、光明皇太后が没すると、淳仁天皇・仲麻呂と孝謙上皇の両者の不和が際だつようになった。財政の悪化もあって、仲麻呂は非勢に追い込まれていく。このため反撃しようと手兵を集めて反乱を企てるが、計画が事前に発覚、仲麻呂は都を追われる。最後は近江湖西で捕らえられ、一族郎党とともに斬首された。

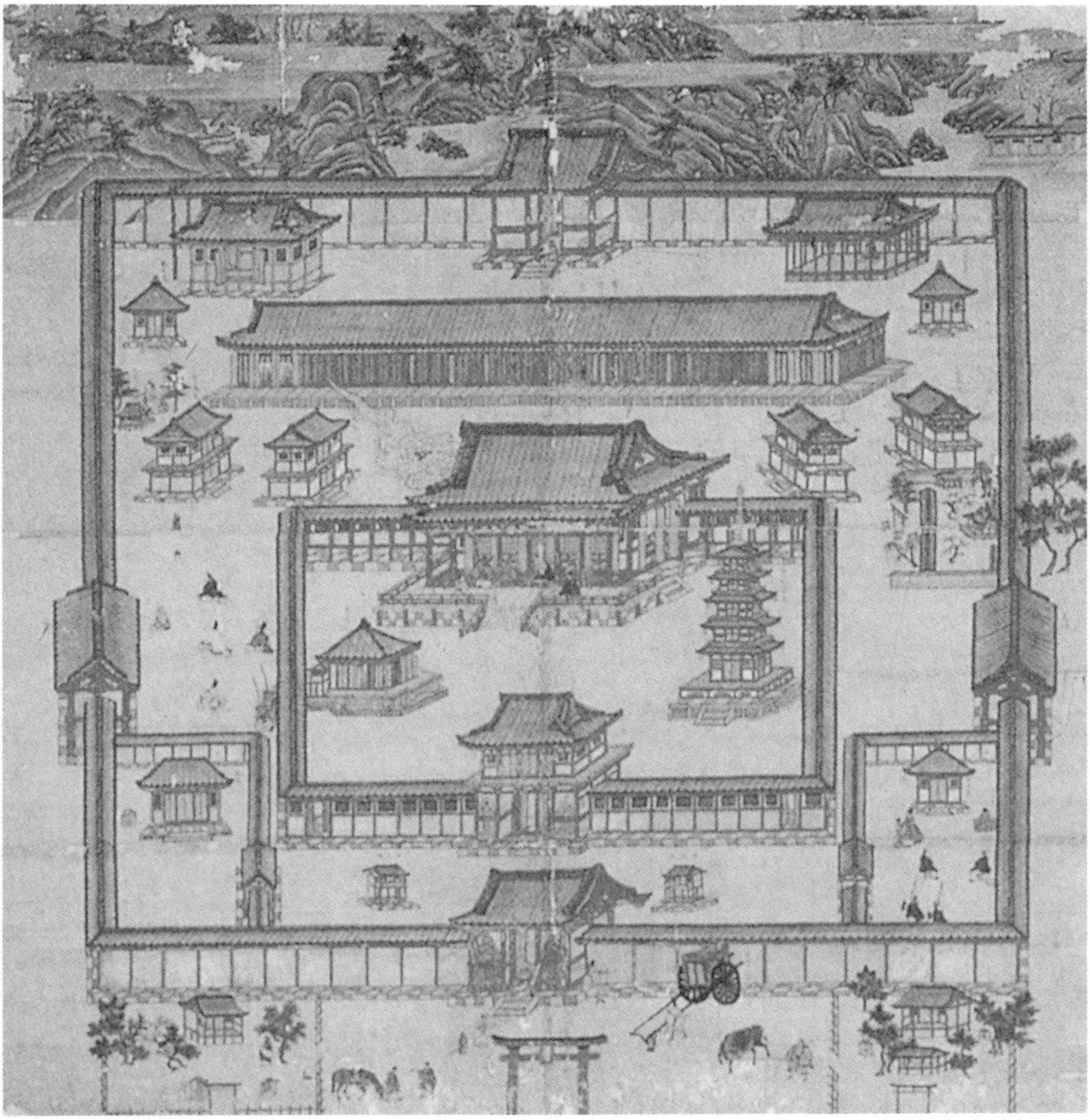

観世音寺絵図［観世音寺所蔵／写真提供：九州歴史資料館］

鏡神社

頭塔

三三）に難波津を出発した時、同行した学問僧のうちの幾名かの名前を、他の史料から回収することができる。

知ることのできる名は、栄叡《えいえい》＊、普照《ふしょう》＊、業行《ごうぎょう》、玄朗《げんろう》、玄法《げんぽう》、理鏡《りきょう》などの人びとである。このうち、栄叡・普照・玄朗・玄法の四名は、日本における律宗の開祖となった鑑真《がんじん》和上の苦難に満ちた来朝を記した『唐大和上東征伝』に見える。中でも栄叡と普照の両名は、授戒伝律の名師を日本へ招請するという目的をも帯びて入唐した学問僧であった。

栄叡・普照たちが切望した一端は、天平の遣唐使節の戻り便で唐僧・道璿《どうせん》＊が来日したことによって、ある程度は果たされた。道璿は戒律に通暁していたのみならず、禅や華厳も知悉しており、『三国仏法伝通縁起』では、道璿を華厳宗の初伝者としているほどである。

しかし、栄叡と普照はさらに真正の戒律の師を求めて、努力と懇請を続けた。在唐十年にして帰国をも覚悟して訪ねた揚州《ようしゅう》（江都）で江淮《こうわい》の戒和上・鑑真にめぐり会うことが叶ったのである。周囲の反対を押し切って、渡日を決意した鑑真であったが、渡海は幾度となく失敗し、五度目の挫折ではついに失明の憂き目にまで遭った。しかし、第十次の遣唐使節の戻り便に秘かに乗船し、決意から十年後にようやく日本に辿り着いたことは、本書のシリーズ（図説・中国文化百華）の『おん目の雫ぬぐはばや』（二〇〇二年）において、新進の中国人研究者・王勇氏が詳しく取り上げている。

栄叡　えいえい［生年不詳～749］「ようえい」ともいう。奈良時代、興福寺の僧。美濃国（岐阜県）出身。法相宗を学ぶ。733年（天平五年）、出家者に正しい戒を授ける伝戒師を日本に招請するために、普照とともに唐へ行く。入唐10年目で鑑真を訪ね、日本への渡航を懇請、承諾を得る。鑑真らと日本を目指すが、嵐などで果たせず。その後広州へ向かったが病に罹り、鑑真来日を見ることなく端州龍興寺で没した。

普照　ふしょう［生没年不詳］奈良時代の興福寺の僧。栄叡とともに伝戒師を日本に招請することを目的に入唐し、入唐10年目に鑑真を訪れ、日本への渡航を栄叡とともに懇請し、承諾を得る。754年（天平勝宝六年）に何度目かの試みで運良く鑑真とともに帰国した。

だが、渡海に成功したこの時でさえ暴風雨に見舞われ、大使・藤原清河《ふじわらのきよかわ》の乗った第一船は、はるか南方の安南《あんなん》に漂着し、長安に戻ったものの、ついに日本の土を踏むことはなかった。第一船には、長く唐朝に仕えた阿倍仲麻呂も同乗していたが、やはり帰国を断念して異国の地に没している。鑑真とその弟子たちは、副使・大伴古麻呂の第二船に乗っていたために、辛くも難を逃れたのである。

鑑真に来日を乞うた栄叡は、鑑真に従って帰朝することはなかった。五度目の渡海に失敗して海南島に漂着したのち、端州（現・広東省）で病没している。天平の遣唐使として入唐した玄朗と玄法は、一度目の渡海が失敗に終わった後、栄叡たちと別れて消息を絶った。あるいは還俗して、中国の世間に埋もれてしまったのかもしれない。天平の遣唐使節に関わる学問僧のうち、目的を果たして帰国できたのは、普照ただ一人であった。期待を胸に唐へ渡った数多の入唐僧の中でも、「光」の部分を経験できたのは、ほんの一握りに過ぎなかったのである。

六、大仏開眼に立ちあった異国僧——菩提僊那・仏哲・道璿

日本仏教史の動き・流れを、遣唐使節の進発・帰国と関連づけて考察する場合、問題となるのが、南天竺僧の菩提僊那《ぼだいせんな》*、林邑《りんゆう》（ベトナム）僧の仏哲《ぶってつ》*、そして唐僧・道璿の来日である。

すでに冒頭でも触れたように、天平勝宝四年（七五二）三月十四日、国を挙げて華々しく催された東大寺大仏殿の大仏開眼供養法要において導師の大役を務め

道璿　どうせん［702～760］奈良時代の渡来僧。道叡ともいう。唐、許州（河南省）の人。華厳や天台に通じ、736年（天平八年）菩提僊那らと来日。大仏開眼供養の呪願師を務めた。

菩提僊那　ぼだいせんな［704～760］南インド・バラモン出身で、中国五台山に来ていたところを、日本からの遣唐使の懇請で来日。奈良大安寺で僧正に任じられ、大仏開眼供養で導師を務めた。

［四聖御影（部分）／東大寺所蔵／平田寛編『図説日本の仏教1』（新潮社）］

仏哲　ぶってつ［生没年不詳］林邑国（ベトナム南部）出身の僧。菩提僊那と中国へ渡り、736年ともに日本に来て、奈良大安寺で梵語を教え、大仏開眼法要では舞楽（林邑楽）を奏した。

たのが、南天竺僧・菩提僊那（Bodhisena、七〇四〜七六〇）である。『南天竺婆羅門僧正碑文』などによれば、菩提遷那は青年期に中国・山西省の五台山の文殊菩薩の霊験を知り、中国に渡ったとある。五台山*の文殊信仰に深く関わるインド僧に、『仏頂尊勝陀羅尼経』を伝えた仏陀波利《ぶっだはり》（Buddhapāli）がおり、伝承では五台山で文殊の化身である老人に陀羅尼の請来を乞われ、中国とインドを往復したとされる。陸路で繋がる両国は、実際の距離よりも近しく結び付いていたと考えられよう。

長安滞在中、菩提遷那は入唐僧・理鏡らからの要請を受け、天平の遣唐使節の戻り便に乗船して、天平八年（七三六）に日本に到る。この時の同行者が、弟子の仏哲と戒律に通暁した道璿であった。インドに渡って菩提遷那に師事し、師の入唐・来日にも従った仏哲については、生没年をはじめ、詳しい来歴は不明である。天正勝宝四年の大仏開眼供養法要の当日、殿前で繰り広げられた舞楽*の奉納の中で、珍しい林邑楽を披露したとされる。林邑楽とは、今日のベトナム南部地方の音楽であり、今も雅楽の一つとして伝わっている。開眼供養には、日本の舞楽の他にも、唐楽や伎楽、度羅楽（タイ）、高麗楽（朝鮮半島）などの外来舞楽が奉納され、非常に国際色豊かなものであった。

道璿は、すでに触れた通り、入唐僧・栄叡と普照の懇請に応え、鑑真に先立って戒律を伝えた洛陽・大福先寺の僧である。戒律のみならず、華厳や禅にも通暁しており、大仏開眼供養法会では導師・菩提遷那に次ぐ呪願師《じゅがんし》（経頭《きょうとう》）の役を

舞楽［南谷美保『四天王寺聖霊会の舞楽』（東方出版）より］

五台山　ごだいさん。中国山西省五台県にある山で、峨眉山、普陀山とともに中国仏教三大霊山。名は五つの台状の峰があるところから付けられた。文殊菩薩の住地とされ、盛時には300余寺があったとされる。円仁ほか日本の僧も数多く訪れた。

務めた。

菩提遷那に接触した理鏡、道璿に来日を願った栄叡・普照という日本僧の名からも分かるように、天平五年（七三三）に入唐した天平の遣唐使節の国家的方針と入唐僧たちの仏教僧招聘に対する熱意によって、いずれも国籍・人種の異なる三名の異国僧が日本への渡海の旨を受け入れたのであった。彼らは、天平の遣唐使節の戻り便のうち、第二船に乗ったと推測されている。

第一船は、一年前の天平六年（七三四）に帰朝していた。この船に乗っていたのが、在唐十八年にわたって成果を上げた玄昉である。目を見張るその大活躍の影に隠れてしまい、来日してすぐに、三名の異国僧たちは必ずしも十分な活動が果たせたわけではなかった。藤原仲麻呂との権力確執により、九州へ左遷された吉備真備は、天平勝宝四年（七五三）の遣唐使節では副使としてふたたび唐に入った記録が残っている。この時の戻り便の第二船が、鑑真を来日させたのであった。玄昉失脚後、日本の仏教界をしばらく指導したのは老僧・行基《ぎょうき》＊（六六八〜七四九）であったが、大仏開眼の慶事を前に、忍従していた異国僧にようやく光が当たることとなるのである。

七、新仏教請来の光と影——戒明・永忠

奈良朝後期の入唐学問僧の中で、日中仏教交流史上、大きな意味を持ちながらも入唐、もしくは帰朝の年次が今ひとつ定かでない二名の僧がいる。南都の戒明《かいめい》

行基　ぎょうき［668〜749］奈良時代、法相宗の僧。河内（大阪府）の人で、道昭、義淵らに師事。諸寺を建て、道路修理、堤防築造、橋梁架設、貯水池の掘削など広く社会事業に尽くしたことで知られる。大仏造営の勧進役から、大僧正に任じられた。

と永忠《えいちゅう》である。この二人は、入唐僧の中でも宗教的・文化的に果たした役割が最高峰に位置付けられる空海《くうかい》と早くから接触を持ち、さらには空海の仏教観・密教観にも多大な影響を与えた人物である。また、単に仏教に関する新来の知識や情報を持ち帰ったにとどまらず、広く中国文化の一面についての知的情報を提供したことも強調しておきたい。

二名の南都僧のうち、時代的に先行するのは戒明である。天平勝宝四年（七五二）、遣唐大使・藤原清河、副使・大伴古麻呂《おおとものこまろ》たちに随って入唐留学し、後述のように宝亀の遣唐使節の戻り便のいずれかの船に乗って帰朝している。

『日本高僧伝要文抄』によると、戒明は空海と同じ讃岐の人で、佐伯氏とともに讃岐を二分した凡直《おおしのあたい》氏の出身とされる。幼くして出家し、南都・大安寺の僧慶俊《けいしゅん》について華厳を学んだ。入唐にあたり、聖徳太子の撰とされる『法華義疏《ほっけぎしょ》』と『勝鬘義疏《しょうまんぎしょ》』を携えて、中国に伝えたという。揚州・法雲寺の天台僧明空は、『勝鬘義疏』に注釈をつけて『勝鬘経疏義私鈔』一巻を著した。のちに入唐僧・円珍らが持ち帰り、日本で流布するようになる。まさしく日中仏教交流の一端であろう。

帰国にあたって多くの経論を請来したが、その中に龍樹《りゅうじゅ》撰『釈摩訶衍論《しゃくまかえんろん》』が含まれていた。帰朝後の宝亀十年（七七九）、その真偽をめぐって、学者の淡海三船《おおみのみふね》*などから論難（批判）を受けた。このため、筑紫の国師として都を離れた。天台宗を開いた最澄も、のちに撰した『守護国界章《しゅごこっかいしょう》』において、主として

大安寺址

淡海三船　おおみのみふね［722～785］奈良時代の貴族、文人。大友皇子の曾孫。一時出家したが、還俗して真人の名を賜った。藤原仲麻呂の乱では反仲麻呂の立場を取り、仲麻呂の軍を勢多橋で迎撃、その功で大学頭、文章博士となったとされる。文章を好み、著述も多い。中でも著書『唐大和上東征伝』は、現存最古の鑑真伝として名高い。

偽撰説を支持している。一方で空海は、その著作中では一切「戒明」の名前に言及しないものの、教学的立場からは『釈摩訶衍論』の意義を重視する。

戒明の帰国について、『日本高僧伝要文抄』には宝亀九年と記される。その記述を信頼するならば、佐伯今毛人《さえきのいまえみし》の忌避によって、副使であった小野石根《おののいわね》*が大使代行を務めた宝亀の遣唐使節の戻り便の、第一船を除くいずれかに便乗して帰国したものと思われる。蘇州を出航した第一船は暴風に遭って大破し、小野石根は死没している。

なお、定説にはいたらないが、空海が青年時代に四国の室戸崎《むろとざき》や大瀧ヶ岳《たいりゅうがだけ》で修行したという虚空蔵菩薩求聞持法を授けた「一沙門」（ある一人の僧）を戒明にあてる説がある。戒明帰朝時には、空海はまだ五、六歳の子どもであったが、近年の研究では、空海は十代半ば頃には都（平城京）に出て来ていた可能性が指摘されている。偽撰問題が尾を引き、大安寺を離れて筑紫の国師として『華厳経』を講じたとする記録もあるが、九州へ下る前の戒明にまみえたのかもしれない。あるいは、四国でめぐり会った可能性もあり得る。入唐学問の結果すべてが、必ずしも順風満帆とは行かなかったが、限られた範囲で隠れた業績を残した人物であったと解しておきたい。

もう一人の永忠は、戒明よりは業績に恵まれた。『日本後紀』巻一三によると、山背《やましろ》（京都）の人で、俗姓は秋篠《あきしの》氏といった。宝亀年間（七七〇～八〇）に入唐したというので、宝亀八年（七七七）出発の宝亀の遣唐使節に随ったものか。長

小野石根　おののいわね［生年不詳～778］奈良時代の官人。造営大輔、近江介、中衛大将などを歴任。776年（宝亀七年）佐伯今毛人が遣唐大使の役を病を理由に辞退、大使代理として船出。唐では無事役目を果たしたが、帰国の船が風難で沈没、死去した。

安の西明寺に長く止宿したと伝えられ、次の延暦の遣唐使節に同行した空海が留まった部屋の先住者であった。在唐三十数年に及ぶ先輩として、短い期間ではあったが、空海に長安仏教の情勢だけではなく、生活や文化にまつわる多様な情報も提供したことに疑いない。

帰朝後の永忠は厚遇され、延暦五年（七八六）に桓武天皇によって近江に新たに建立された梵釈寺《ぼんしゃくじ》の寺主となり、同寺は年分度者二名を賜った。平安朝からも高く評価され、律師《りっし》、少僧都《しょうそうず》を経て、大僧正に任命された。空海帰国後は彼を支援し、乙訓寺《おとくにでら》の別当にあてられて荒廃した寺の復興を命じられた際には、僧綱《そうごう》（僧侶の行政職）の地位にあった永忠が財政的援助を行っている。のちに栄西などの禅僧が積極的に茶を紹介したが、奈良期にはすでに喫茶の習慣や作法が日本に伝わっており、嵯峨天皇の唐崎行幸に永忠が茶を煎じて献上したといわれている。唐文化をいち早く持ち帰って紹介した僧としても、まさに空海の先輩にあたるといえよう。

ここまで、奈良朝の入唐学問僧たちの求法の努力と唐僧をはじめとする異国僧たちの生命を賭した教化の熱意によって、南都仏教、あるいは南都六宗《なんとりくしゅう》*と称される法相・三論・華厳・律などの学派仏教がもたらされ、平城京を中心とする都で花開いたことをほぼ編年的に俯瞰してきた。これに遅れることしばし、特定の聖なる言葉・威力ある言葉である陀羅尼《だらに》を基本として、それを尊格化（ほとけとして具現化）した仏像を礼拝供養する新興の古密教、雑密的な原初形の密教が、

室戸崎

南都六宗　南都は奈良のこと。その奈良にあった六つの仏教学派。三論、法相、華厳、倶舎、成実、律の各宗を指す。

梵釈寺

乙訓寺

新しい経典とともに多数わが国に伝えられた。

『華厳経』の壮大な宇宙観を体現した大仏の造立に先立って、一面三眼八臂の異様な形相を説く羂索堂《けんじゃくどう》（三月堂）の不空羂索観音*が作られたり、戒律遵守の儀礼を伝えた鑑真和上の寺である唐招提寺に巨大な千手観音が祀られたのも、決して偶然ではない。厳正にして深遠な仏教の教義とともに、現実の世界で生じる多様な悩みや希求を救い、叶える救済の力が必要とされたためである。いつの時代にあっても、仏教は思考思索するだけの哲学ではなく、自ら、そして他者と世界もともに救われようとする宗教であることは多言を要しない。

不空羂索観音　ふくうけんじゃくかんのん　羂索は先に金具が付いた縄。この縄を投げて、迷える衆生を救いとる（不空）という観音。六種の観音の一つ。

第三章
大物入唐僧の栄光と成果

従来の仏教史研究では、学派的要素の強い奈良仏教（南都仏教）と、最澄《さいちょう》（七六七～八二二）・空海（七七四～八三五）に代表される平安仏教との間に、いずれも大きな質的変化を求めてきた。確かに、仏教史の視点からは、次のような相違点をあげることが多かった。

(1) 南都六宗の大寺が平城京の中、もしくはその周辺に設けられたのに対して、真言・天台の両宗は、その寺院を修行環境に適した山岳・山林に設置する、いわゆる山林型の仏教である。

(2) 奈良仏教の各宗が、唯識・三論・倶舎などの論書を教義典拠としたのに対し、真言・天台の両宗は『法華経』や『大日経』などの大乗経典や密教経典を拠り所としている。

(3) 奈良時代後半、玄昉や道鏡などの僧が国家の政治に介入し、政治混乱を招いた。そのため、仏教の革新を意図した桓武天皇*は遷都し、既存の寺院の新都への移転を認めなかった。

これらの点は、部分的には妥当な見解だといえるが、全体的に見た場合には必ずしも最適の解釈ではない。むしろ、近年の研究では、奈良仏教の後半期には平安仏教の諸要素がすでに萌芽していることを容認する方向に進んでいる。

もちろん、最澄・空海が築き上げた天台宗と真言宗には、日本仏教史上、多く

桓武天皇　かんむてんのう［737～806］天智天皇の孫で、白壁王（後の光仁天皇）の王子として生まれた。781年（天応元年）光仁天皇退位を受けて即位し、806年（大同元年）まで在位した。即位して間もなく、政情不安に凶作、疫病の流行が加わり、人心一新のため延暦に改元、平城京から長岡京に遷都した。しかし、藤原氏と大伴・佐伯両氏の根深い対立から政情不安は続き、早良親王を廃嫡するなど忌まわしい出来事が続いた。そこで延暦十三年、今度は平安京へ遷都した。［平安神宮所蔵］

の新要素や独創性が見られることに異論を唱えるわけではない。その功績に対して、両者とも没後に弟子たちによって「諡号《しごう》（大師号）」が申請され、最澄には「伝教大師《でんぎょうだいし》」、空海には「弘法大師《こうぼうだいし》」の号が下賜されたことは広く知られている。

この章では、平安仏教の二大巨星である「大物入唐僧」の業績と成果を最初に確認しておきたい。

一、還学僧・最澄

1・桓武天皇の支援

最澄と空海は、ほぼ同時代を生きた。七歳年長の最澄は、天平神護二年（七六六）近江で生まれる。俗姓は三津《みつの》（首《おびと》）氏、渡来系の出自だともいわれる。幼名は広野《ひろの》。十三歳で近江国分寺の行表《ぎょうひょう》の室に入る。宝亀十一年（七八〇）、近江国分寺の最寂《さいじゃく》の死による欠員を補うために得度*が許され、行表にしたがって沙弥《しゃみ》となり、最澄を名乗る。二十歳で東大寺で具足戒*を受戒した後、比叡山を修行の場とする。禅・華厳等もよく学んだが、次第に天台に信を集中するようになった。

延暦十七年（七九八）、『法華経』の一仏乗《いちぶつじょう》（一乗）の教えを説く中国の天台大師・智顗《ちぎ》（五三八～五七九）の教学に傾倒した最澄は、智顗の忌日（命日）に『法華経』十巻（開結二経を含む）を講讃（講義）する法華十講を初めて修めた。

さて、最澄がその価値に目覚めた智顗等の天台関係の論書をいち早く日本に伝

得度　度は渡るの意味で、教えを得て迷いの世界から悟りの彼岸に渡ることをいう。転じて剃髪出家すること、そしてその儀式をいう。

具足戒　具足は近付く、完全などの意味で、この戒によって悟りに近付き、完全な仏教徒になることを意味する。比丘・比丘尼が守るべき戒律の総称。

えたのは、中国からの戒律の正伝者としての評価が確立している鑑真であった。わが国の授戒法則の確立者としての名高い鑑真であるが、如意輪観音や不空羂索観音などの変化観音を中心とした古密教にも通暁していたことはすでに触れたとおりである。だが後世、凝念《ぎょうねん》の『三国仏法伝通縁起』には、

鑑真和尚、是れ天台宗第四祖の師なり（割注略）。弘景《こうけい》禅師に従って具足戒を受け、ならびに台学を学ぶ。弘景は是れ南山律師（道宣《どうせん》）の親しく度した授具の（戒を授けた）弟子にして、章安《しょうあん》大師（灌頂）に従って天台宗を学ぶ。

と述べ、鑑真は、智顗・灌頂・弘景に次ぐ中国天台の第四祖として、日本の天台宗からみなされていたのである。

一仏乗と止観業を両輪とする天台教門への信を確認した最澄は、有力な支援者である和気《わけ》氏の氏寺《うじでら》であった洛北の高雄山寺で、天台三大部の講会を開き、南都の高僧だけではなく、帝や朝廷の要人たちも招いた。新仏教の確立という内的な意義と同時に、外的には新宗派の旗挙げという政治的な意味合いも強かったものと思われる。

このような一種のデモンストレーションが効を奏し、延暦二十一年（八〇二）九月には、天台宗の興隆が桓武天皇より発願《ほつがん》された。その直後の同月十二日、最澄に入唐して中国天台を学び伝えるよう、請益僧《しょうやくそう》の命が下る。相次ぐ遷都の混

乱が落ち着き、懸案であり続けた東北地方の平定も一応の成果が上がったので、桓武帝は対外政策の分野に目を移し、新しい遣唐使節の派遣を決めていた。

最澄一行は、遣唐大使・藤原葛野麻呂《ふじわらのかどのまろ》*が率いる延暦の遣唐使節に従って、延暦二十二年四月十六日、難波津を出帆した。しかし、数日後に一行は瀬戸内海で難破し、おそらく第二船に乗っていた最澄一行は九州までたどり着けたものの、大使の乗る第一船は一旦引き返し、翌年の再出発を待つこととなった。歴史の偶然か、あるいは必然か。それを契機として、のちに最澄と空海という二つの巨星が初めて相い交わるのである。

2・最澄が唐で得たもの

延暦二十三年（八〇二）、出発早々につまずいた形の最澄一行であったが、九州に上陸すると、北九州の宇佐・香春《かわら》等の神祇《じんぎ》（神社）を参拝した。この時、のちに天台教団の九州進出の足掛かりが得られたのである。翌二十三年、再編成された船団が難波津を発ち、六月には無事に博多津に到着した。最澄一行はここで合流して、七月六日肥前国田浦《たのうら》を出発、一路大陸へと向かった。しかし、間もなく暴風雨に遭い、船団は四散した。副使・石川道益《いしかわのみちます》らとともに最澄の乗った第二船は、約一か月の漂流の末に明州（現・寧波市）の邱県《ぼうけん》に到着した。無事を喜んだのもつかの間、不幸にも石川道益は病を得て、その地で没する。一行は、判官・高階遠成《たかしなのとおなり》に率いられて、さらに都・長安へと向かった。当初から中国天台

藤原葛野麻呂　ふじわらのかどのまろ［755〜818］平安前期の公卿。桓武天皇の信任を得て、造都事業に携わっていた803年（延暦二十二年）遣唐大使に任命されて出発したが、暴風雨にあって引き返し、翌年、最澄・空海らをともなって入唐、その翌年帰国した。

の聖地である天台山《てんだいさん》*へ参詣し、現地で研究することを主目的としていた最澄は、そこで一行と分かれ、九月二十六日に台州に入った。台州では、刺使《しし》（現在の県知事に相当）の陸淳に会って天台の著作の書写を願い出たところ、龍興寺《りゅうこうじ》の道邃《どうずい》を紹介され、その計らいで着々と天台等の法門を書写することができた。

十月には待望の天台山巡礼に赴き、仏隴《ぶつろう》道場の行満《ぎょうまん》僧正から所持の八十余巻の法門を伝えられる。同行した沙弥の義真は、律師・清朝について具足戒を受け、唐で正式の比丘*となった。すなわち、中国の天台道場で具足戒を受けた最初の日本僧といえる。また最澄は、同月十三日、天台山において禅の教えも受け、さらに国清寺《こくせいじ》の惟象《ゆいしょう》から大仏頂大契曼荼羅《だいぶつちょうだいげいまんだら》行事を伝えられたという。とくに後者の記述が事実ならば、最澄は顕教である大乗仏教の枠を超えて、初期密教・古密教に属する仏頂曼荼羅まで修めたこととなる。予想以上の成果を収め、十一月には逗留先の台州・龍興寺に戻った。最澄は入唐期間約八か月のほとんど、六か月あまりを龍興寺での経論筆写に費やす充実ぶりであった。

以上のように、最澄の行動は、あくまで天台発祥の地を訪れ、かつ中国天台の基礎資料やその後に著された新資料の収集に集中したことは疑いない。その仕上げの意味で、翌年三月二日には龍興寺極楽浄土院で道邃から円教菩薩戒を受けた。

帰朝後の最澄は、主として受戒の面で南都仏教と鋭角的に対立することとなるが、唐代におけるこの時点では、法相・三論の学解《がくげ》仏教と天台宗という新興の中国仏教の間には、受戒の断絶は認められていない。けれども、のちに『梵網経《ぼんもうきょう》』

天台山　中国浙江省天台県にある山。天の三台星に応じる山として、早くから道教の秘境となり、後に仏寺も建ち、智顗がここに入ってから天台宗の根本道場となった。比叡山もこれに倣って天台山と呼ぶこともある。

比丘　びく　比丘は出家得度し、具足戒を受けた男性をいい、比丘尼は同じく女性をいう。

比叡山

高雄山寺

国清寺・大雄宝殿［天台山］

の菩薩戒も新たな争点として登場することになり、この時の円教菩薩戒は、日本天台の成立に決定的な意味を持つことになる。

3・最澄が得た密教

入唐請益僧としての最澄が、台州で集録書写した法華・涅槃・天台・止観を主とする経論等すべて百二十部三百四十五巻は、『伝教大師将来台州録』に列記されて、後世に伝わっている。もちろん、「伝教大師」という諡号は、貞観八年（八六六）に孫弟子・円仁の上奏によって、時の清和天皇*から賜ったものである。

しかるに、帰国直前に越州の龍興寺で「密教」の一端と出会ったことによって、最澄帰朝後の天台宗開宗にあたり軌道修正を強いられたのは、偶然であったのか必然であったのか、今なお意見の分かれるところである。そこで、帰国直前の新しい流れと桓武天皇の予期せぬ反応を、時間を追ってたどってみよう。

延暦二十四年（八〇五）二月、台州での天台修学を無事に終えた最澄は、帰国船の出港地である明州に戻る。四月一日には、二年前に福州から長安へ入京した遣唐大使・藤原葛野麻呂の乗る第一船が福州から明州まで廻航されてきた。帰国の機は熟し、四月八日には明州の州長から渡航帰国の公験《こうげん》（正式許可書）を得た。しかし、実際の船出までには今しばし日数があり、またさほど離れていない越州に、開元寺《かいげんじ》や龍興寺という名高い寺院があったため、おそらくは天台の典籍をはじめとする未修・未得の聖教を求めて訪問したものと推測される。

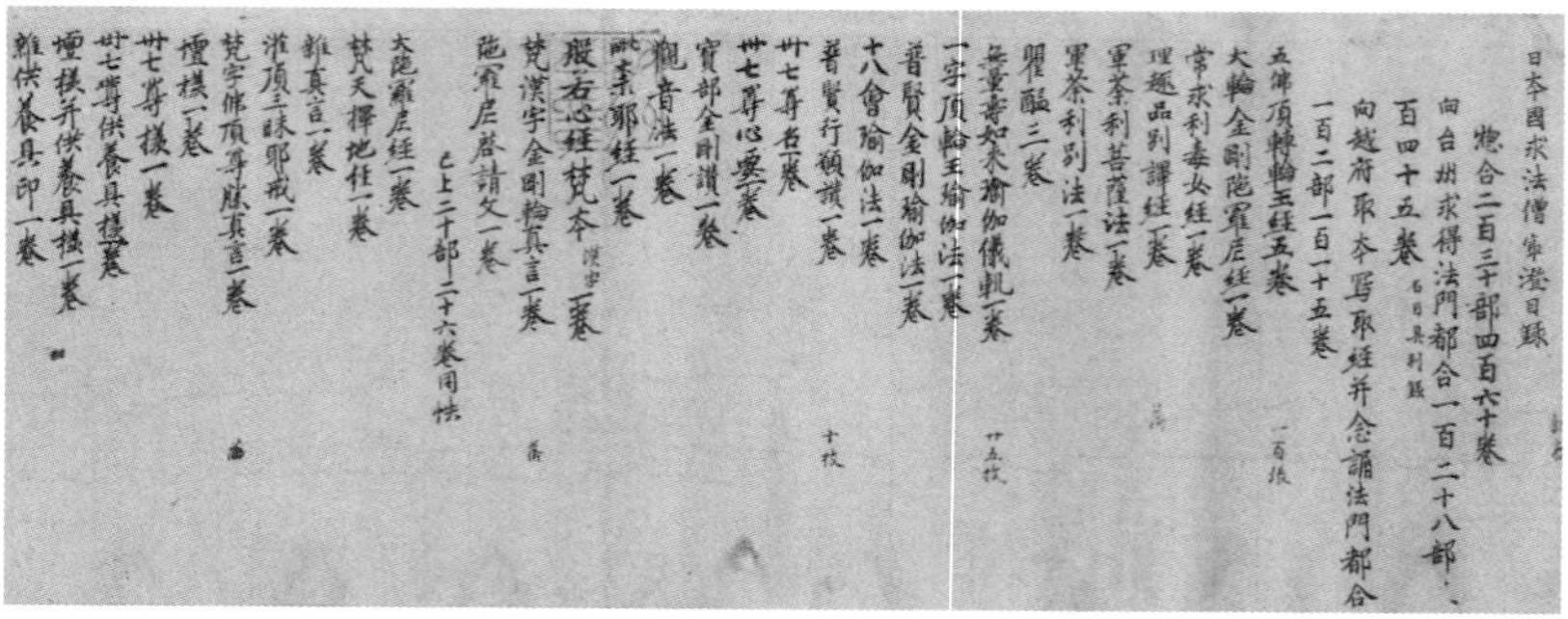
日本國求法僧最澄目録
惣合二百三十部四百六十巻
向台州求得法門都合一百二十八部、
百四十五巻
向越府取本寫取經并念誦法門都合
一百二部一百一十五巻
五佛頂轉輪王經五巻
大輪金剛陀羅尼經一巻
常求利益女經一巻
理趣品別譯經一巻
軍荼利菩薩法一巻
軍荼利別法一巻
瞿醯三巻
無量壽如來瑜伽儀軌一巻
一字頂輪王瑜伽法一巻
普賢金剛瑜伽法一巻
十八會瑜伽法一巻
普賢行願讃一巻
卅七尊名一巻
卅七尊心要一巻
寶部金剛讃一巻
觀音法一巻
毗奈耶經一巻
般若心經梵本 漢字 一巻
梵漢字金剛輪真言一巻
陀羅尼啓請文一巻
已上二十部二十六巻同帙
大陀羅尼經一巻
梵天擇地法一巻
雜真言一巻
灌頂三昧耶戒一巻
梵字佛頂尊勝真言一巻
壇様一巻
卅七尊様一巻
卅七尊供養具様一巻
壇様并供養具様一巻
雜供養具印一巻

越州録　伝教大師将来目録（部分）
［延暦寺所蔵］

越州での最澄の密教受法については、受法直後に自らが著した『越州録』に、

越府に向いて、本を取りて、経ならびに念誦法門を写し取る。都合一百二部一百十五巻

として、『五仏頂転輪聖王経《ごぶっちょうてんりんじょうおうきょう》』五巻、『大輪金剛陀羅尼経《だいりんこんごうだらにきょう》』一巻などを目録にあげ、さらに巻末において、龍興寺の順暁から密教を得たことを記している。こののち、『内証仏法血脈譜』や『叡山大師伝』など史料の年代が下るに従って、内容が増幅され、かつ改変も一部に見られるようになるが、現在宗派として認められているのは、最澄は弟子の義真とともに龍興寺（あるいはその近辺の他寺）において、泰嶽の霊巌寺の順暁《じゅんぎょう》阿闍梨*から灌頂*を授かった。この順暁は、（真言）密教の伝持の八祖（八名の祖師系譜）の第五祖とされる善無畏《ぜんむい》三蔵の孫弟子にあたるとされている。

帰国後の最澄の一連の動きは、大変重要なものである。延暦二十四年（八〇五）六月に九州・対馬に到着し、翌七月十五日に上京すると、すぐに帰朝目録である『進官録』を上表する。それを見た桓武天皇は、最澄入唐の第一目的である天台経論の収集の成果よりも、むしろ新来の念誦法門（密教）に関心を示した。それに応えて、宮中で天台法華に基づく悔過読経《けかどきょう》と、それとは別に密教修法を行ったという。さらに天皇は興味を抱き、新しくもたらされた密教の灌頂が実施され

清和天皇　せいわてんのう［850～880］文徳天皇の第4皇子で、藤原良房の娘、明子が母。在位は858～876年で、文徳天皇の崩御にともない9歳で即位したこともあって、国政の実権は藤原良房が握った。そして藤原北家による摂関政治が確立されていく。清和天皇は多くの妃を持ち、生まれた皇子たちは多くは臣籍に下って、清和源氏の流れを形づくった。

阿闍梨　梵語アーチャーリャからきており、軌範師（教師）や生行と漢訳された。密教の秘法を伝授する師のことで、天台宗、真言宗などの職位。

灌頂　かんじょう　頭頂に水を注ぐこと。昔インドで国王即位の時に四方の海水を頭頂に注ぎ世界を掌握する儀式をしたことから、それに倣って採り入れられた法といわれ、修行者の成仏を証明する意味で行われる。密教で重んじられ、結縁灌頂（仏縁を結ばせる）、受明灌頂（密教の修行を始める）、伝法灌頂（密教の奥義を伝える）などがある。

ることとなった。九月七日には、朝廷の重鎮である和気氏の寺・高雄山寺でわが国初の灌頂が行われた。次いで、十日後の同月十七日には、宮中で毘盧遮那《びるしゃな》（大日）法が修されたとある。いずれの修法についても、残念ながら詳しい内容については史料が残っていない。

すでに取り上げてきたように、奈良時代の後半には、入唐僧や渡来僧によって変化《へんげ》*観音の威力を説く初期密教（古密教、雑密）の陀羅尼経典が多数請来されてはいたが、最澄が修めたのは、唐で整備された中期密教（純密）の修法である。中期密教の中心仏である毘盧遮那*（大日）如来の修法（供養法）が、中国天台を旨とした最澄の本意であったか否かは別にして、日中の仏教交流の上で無視できない位置を占めていることは疑いない。

二、留学僧・空海

1・青年僧・空海の誕生

延暦二十三年（八〇四）にようやく進発した延暦の遣唐使節の中には、請益僧の最澄の他にも、有名無名の数名の学問僧がいた。その中で、入唐航海の途上から頭角を現し、長安に入京した頃には大使以下多くの同行者たちの信頼と信望を集めていたのが、のちに弘法大師の諡号《しごう》（おくり名）を与えられることになる空海（七七四〜八三五）である。

変化　へんげ　種々に形を変えて現れることで、仏が衆生救済の手段としてさまざまな姿で現れるのを変化身という。

毘盧遮那仏　びるしゃなぶつ　略称盧遮那仏。光明遍照と漢訳し、もとは太陽を意味し、広大無辺な仏智を象徴した仏で、『華厳経』の本尊。真言宗の大日如来と同じ。奈良・東大寺の大仏が有名。

空海　［白描先徳図像（重文）／東京国立博物館所蔵］

彼の波乱に富んだ一生とその宗教的・思想的意義については、周知の通り、すでに多くの専著が出版されている。とくに墓誌銘にあたる「卒伝」を含んだ『続日本後紀』をはじめとする伝記類は、現代のものまで数えるとゆうに百点を超えている。

多くの伝説は、空海は宝亀五年（七七四）讃岐に生まれたと伝えるが、近年、狭義の出生地（誕生地）を畿内に求める説も提出されている。父は佐伯直《さえきあたい》氏とするが、具体的な名前としては、太政官符の戸主《へぬし》とされる佐伯道長、平安後期の伝記類に多出する佐伯田公《たぎみ》、ならびに佐伯善通の三説が併存している。

母方は「阿刀《あと》氏の女」と語り継がれてきたが、誕生所としての善通寺の位置が確立されてきた江戸時代前期には、「玉寄御前《たまよりごぜん》（姫）」説が四国八十八か所遍路の信仰と相俟って普及した。幼少期の俗名は、「真魚《まお》」であったことが、史書や伝記に記されている。

十五歳の時に母方の伯父であり、伊予親王の侍講（個人教授）も務めた阿刀大足*について古典等の学を修めたというが、勉学の場所が讃岐であったという確証はない。十八歳の時には都（平城京、もしくは長岡京）の大学に入り、中国の諸学問を学んだものの、諸般の事情で仏教を行学する志を抱いて退学した。その間の青年空海の人間的遍歴を戯曲風にまとめたのが、二十四歳（延暦十六年、七九七）で著したという『聾瞽指帰《ろうこしいき》』二巻である。密教の聖地・高野山には、直筆とされる『聾瞽指帰』二巻（国宝）が今に伝わっている（金剛峯寺蔵・霊宝館保管）。

真魚（稚児大師）［光林寺所蔵］

阿刀大足　あとのおおたり　［生没年不詳］平安初期の学者。空海の母方のおじ。桓武天皇皇子、伊予親王の侍講として活躍したが、伊予親王謀反の事件に巻き込まれたのか、その後の事績は不明。空海が大足を頼って上京、大学へ入学する前に論語、孝経、史伝などの個人指導を受けたと『三教指帰』序に書かれている。

ただし、この書は、おそらく帰朝後に序文と巻末の詩頌が全面的に書き直され、しかも表題を『三教指帰《さんごうしいき》』と改訂している。儒教・道教・仏教の三つを示す書名にある通り、空海の思想遍歴と中国文化の与えた影響が巧みに織り込まれたものである。『三教指帰』の書名にも見える三教の中でも、最も中国民族の庶民宗教の特徴が顕著な道教については、近年、福永光司、坂出祥伸、福井文雅、三浦国雄、千田稔などの各氏の研究によって、奈良時代から平安時代の文化基層に、少なからぬ影響を与えていたことが指摘されている。たとえば、奈良の酒船石《しゅせんせき》遺跡で見つかった新亀石（亀型石造物）などはその代表であり、さらに詳しい検証が待たれる。

『聾瞽指帰』（『三教指帰』）も、生活風俗に言及する『抱朴子《ほうぼくし》』や道者・仙人を取り上げる『神仙伝』などの道教の中心的な著作を引用する。さらには、道教を世間の常識学問である儒教よりも思想的に上位に置くが、結局は他人の救済に関心が少ないとして、結論的には三教のうちで仏教に最上位を与えている。

このように、『聾瞽指帰』は、青年期に修めた学問の成果が昇華されたのみならず、自らの思想遍歴と最終的に仏教を選択した経緯を記した決意の書でもあった。しかし、それだけでは都での栄達の道を投げ打っての出家を語れても、入唐の必然性（とくに急に入唐を決めた理由）は説明がつかない。『聾瞽指帰』になくて、『三教指帰』には見られる大きな相違、それが序文に見られる「一沙門から虚空蔵菩薩求聞持法を授けられた」という一文である。すなわち、密教への志

亀型石造物〔明日香村〕

善通寺

向、密教の本場である唐への渡航の必要性を示すために、『聾瞽指帰』には言及のなかった外的要因（求聞持法）をおそらく帰朝後に『三教指帰』へと改訂を行う際に、導入することになったのではなかろうか。

求聞持法とは、インド人密教僧・善無畏が翻訳した『虚空蔵菩薩求聞持法』に基づく修法であり、八世紀前半という早い請来時期（養老の遣唐使節の戻り便）という時期からもやや未整備な内容とされ、体系的な密教ではない雑密とされてきた。しかし、最近の研究では、同経はむしろ基本経典となる『金剛頂経』の第四品にあたる「一切義成就品」の原初形態と関連を持つという説が注目され始めた。同経は、『大日経』を訳出した善無畏の翻訳（『虚空蔵菩薩求聞持法』の訳出が先）ではあるが、彼には一ランク密教化の進んだ『金剛頂経』に対する異種のマンダラ（『五部心観』）も伝えられている。

2・延暦の遣唐使への参加

従来、啓蒙書や概説書を中心として、各時代の遣唐使節を示す際に「第○次遣唐使」という表現がなされてきた。しかし、正史である六国史（『日本書紀』『続日本紀』『日本後紀』『続日本後紀』『日本文徳天皇実録』『日本三代実録』）などの史書には、公式的にそのような次数が与えられていた記述は認められない。また実際のところ空海・最澄らの参加した延暦年間に派遣された遣唐使節を「第十六次」とする説が多いが、その一方で「第十八次」と数える説もある。

求聞持法* ぐもんじほう　求聞は見聞したことで、それを持続させる法。すなわち記憶力増進法である。虚空蔵菩薩に祈るのが一般的で、菩薩の真言を百万遍唱える。空海が広めたといわれる。

遣唐使船模型［神戸市立博物館所蔵］

主な遣唐使と関係者

回数	時期	出発年	帰国年	船数	航路	
1	舒明	630	632		北路?	犬上御田鍬・薬師恵日
2	孝徳	653	654	1	北路?	吉士長丹(大使)
		653		1	南島路	高田根麻呂(大使)・道昭
3		654	655	2	北路	高向玄理(押使)・河辺麻呂
4	斉明	659	661	2	北路	坂合部石布(大使)・津守吉祥
5	天智	665	667		北路	守大石・坂合部石積
6		667	668		北路	伊吉博徳(送唐客使)・笠諸石(送遣唐使)
7		669	不明		北路?	河内鯨
8	文武	702	704 7 8		南島路	粟田真人(執節使)・山上憶良(少録)・高橋笠間(大使)・坂合部大分(副使)・巨勢邑治(大位)
9	平城京	717	718	4	南島路?	多治比広成(押使)・大伴山守(大使)・玄昉・吉備真備・阿倍仲麻呂
10		733	734	4	南島路?	多治比広成(大使)・中臣名代
11		746	発遣中止			石上乙麻呂(大使)
12		752	753 4	4	南島路	藤原清河(大使)・吉備真備(副使)・大伴古麻呂(副使)
13		759	761	1	渤海路	高元度(迎入唐大使)・内蔵全成
14		761	発遣中止			仲石伴(大使)・石上宅嗣(副使)
15		762	発遣中止			中臣鷹主(送唐客使)
16		777	778	4	南路	佐伯今毛人(大使)・大伴益立
17		779	781	2	南路	布勢清直(送唐客使)・高麗広山
18	平安京	804	805	4	南路	藤原葛野麻呂(大使)・石川道益(副使)・空海・最澄・橘逸勢
19		838	839	4	南路	藤原常嗣(大使)・小野篁(副使)・円仁
20		894	発遣中止			菅原道真(大使)・紀長谷雄

主な遣唐使の経路

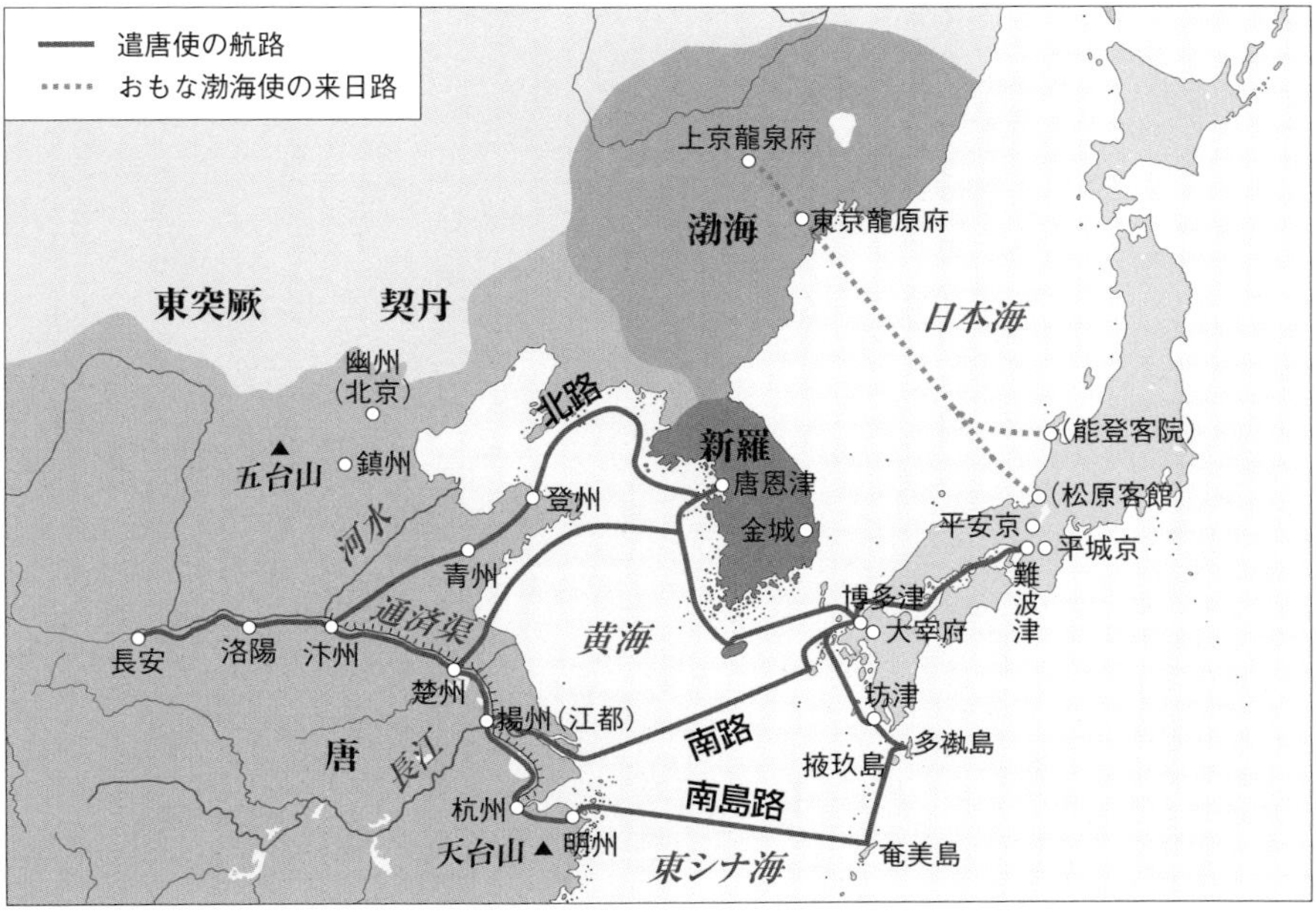

七世紀に始められ、寛平六年（八九四）に菅原道真《すがわらのみちざね》の進言によって廃止されるまで、約二十次にわたって実施された遣唐使節の中には、船体破損や風波便なし、あるいは理由不詳で中止されたものや、河内鯨《かわちのくじら》を大使に任じた天智天皇八年（六六九）の使節のように、帰国年すら明らかでないものもあった。それ故、本書では東野治之氏の説を参考にして、実施年の年号を取り、「延暦の遣唐使」、「承和の遣唐使」などと表記しておきたい（東野治之『遣唐使船』朝日新聞社、一九九四年、朝日選書、一九九九年）。

さて、空海が参加した「延暦の遣唐使」を派遣したのは、桓武天皇（七三七～八〇六）である。長岡京遷都（延暦四年、七八五）、平安京遷都（延暦十三年、七九四）と相次いで新都を建設する一方で、延暦七年（七八八）から三次にわたって蝦夷《えぞ》（東北地方）を征討した桓武帝は、後世の史家からは「造作と軍事の帝」と評されたが、晩年には政策方針を転換した。征夷大将軍・坂上田村麻呂《さかのうえのたむらまろ》＊を第三次蝦夷討伐に向かわせる直前の延暦十九年（八〇〇）には、謀反の罪に問うた同母弟の故早良《さわら》親王（皇太子、光仁天皇の第二皇子）の霊を鎮めるために崇道《すどう》天皇と追称している。政治・軍事的にも、また自らの精神的にも安穏を得た桓武帝は、翌二十年（八〇一）八月十日、二十年あまり途絶えていた遣唐使の派遣を決め、平安京造営に功のあった藤原葛野麻呂を大使に任命した。これが「延暦の遣唐使」である。

桓武帝としては、しばらく交流が絶えていた唐の新文化の輸入を期待したこと

最澄像（伝教大師坐像）［横蔵寺所蔵／撮影　柴田秋介］

坂上田村麻呂　さかのうえのたむらまろ［758～811］平安初期、蝦夷征討に深く関わった武将。23歳で近衛将監に任じられてから一貫して武官を歴任。後に征夷大将軍になって、東北経営に力を注いだ。身長5尺8寸（約175センチ）、胸の厚さ1尺3寸（約40センチ）、赤ら顔で目は鷹のように鋭く、黄金色の顎髭をふさふさと生やし、「毘沙門の化身」などといわれたという。死去したときは武人に相応しく、武具を付け立ったまま棺に納められたといい、嵯峨天皇は『田村麻呂伝記』を顕して死を悼んだ。

も大きく作用していた。同時に、平安京建都の功臣であった和気清麻呂*とその子供たちによって紹介された新進の仏教者・最澄の新しい天台宗も、南都仏教勢力の専横に苦労して一種の拒絶反応を起こしていた桓武にとっては、非常に魅力的であったに違いない。平安京へ遷都した延暦十三年（七九四）の九月三日には、桓武天皇は比叡山に行幸して一乗《いちじょう》止《し》観院《かんいん》で供養会を行い、三年後の延暦十六年（七九七）十二月十日には、宮中に参内を許される内供奉十禅師に最澄を補任している。こうした政治的な情報は、地方豪族の佐伯氏の出身であり、有力氏族である大伴氏との関係を保っていた空海の耳にも届いていたはずである。しかし、天皇の愛顧と信頼の篤い最澄とは異なり、年齢などの厳しい制限もあって、空海は私度僧（厳密に言えば優婆塞《うばそく》）として仏教の修学や山林修行を努めながら、時機到来を待っていたのではなかろうか。

3・苦難の渡唐

延暦二十二年四月に初発した遣唐使節は、船団の一部の難破により一度引き返し、翌年に再出発した。延暦二十三年の航海で空海が乗船した遣唐使船は、中国・福州の赤岸鎮に着岸した。そこで空海は、福州の観察使に長安への入京を直訴した上表文をしたためている。その中に、

時に人の乏しきに逢って留学の末に簉《まじわ》れり

和気清麻呂 わけのきよまろ［733〜799］奈良時代後期から平安初期の貴族。備前国（岡山県）の豪族出身。称徳天皇に引き立てられ、藤原仲麻呂の乱に当たっての功で近衛将監に就任。しかし、道鏡の野心を阻止しようとして反撃され左遷。桓武天皇の時、平安京造営の造宮大夫に任じられた。性質は剛直で、君に対し忠節を尽くし、庶務に練達していたという。

とあるのは、単なる謙遜表現ではなく、前年（延暦二十二年）の遭難によって当初乗船が予定されていた者が辞退した（もしくは忌避された）ので、欠員が生じたためという可能性が高い。

空海は再出発することとなった遣唐使に加わるために、直前の延暦二十三年の四月、東大寺の戒壇院で得度・受戒したものと思われる。この時の戒師を明確に記す史料は見あたらないが、元興寺の唐僧・泰信《たいしん》とする説があり、今の段階ではその可能性を採用しておきたい。空海は、すでに仏教の世界に足を踏み入れていたとはいえ、国家仏教の目で見ればあくまでも私度僧であった。しかし、一介の寄る辺なき私度僧ならば、年分度者制や年齢制限の高い壁に阻まれて、にわかに戒壇院で得度・受戒して、その直後に追加要員としても入唐することは容易ではない。おそらく、出身氏族の佐伯氏や親族意識の強かった大伴氏などの推挙があったものと思われる。

ともあれ、ようやく遣唐使節出発の直前に正式に出家得度して正式な官僧となり、難波津から船団に乗り込んだ。他の遣唐使節の記録から判断して、各回に派遣される留学生・留学僧はわずか十名程度であったはずなので、一行に参加することが叶った空海は、誠に幸運であったことは疑いない。留学僧や請益僧には従者があてがわれたという説もあり、同じ延暦の遣唐使節に参加した最澄には義真がつき従ったことが知られている。だが、空海の従者についてはまったく記録がない。甥であり、最初の弟子であった智泉《ちせん》が従ったとも考えられるが、いまはその可能性を指摘するに留める。

延暦の遣唐使節は、延暦二十三年（八〇四）五月十二日、前年の初出航に続いて再度難波津を出帆した。遣唐大使の藤原葛野麻呂は第一船に、副使の石川道益は第二船に分乗して瀬戸内海を西に向かった。通例は四隻の船団で航行するが、前年に最澄が乗った船が九州に着いているので、難波津出港時には三隻であった可能性が高い。

空海は大使と同じ第一船に乗船したが、出発当初から何らかの役割を与えられたり、特別視されていたようには見受けられない。後述のごとく、漂着先の福州以降は結果的にめざましい活躍をすることになるが、たとえ伊予親王*や佐伯・大伴両氏の推挙があったとしても、最初から大使の秘書的な役割や通訳の位置にあったとは考えられない。九州到着の日付の記録は残っていないが、当時の穏当な航海なら、七日前後の旅程かと思われる。また、寄港地から上陸して博多の鴻臚館で数日滞在したのかどうかも不明であるが、再び大使らとともに肥前国松浦郡田浦から上船し、中国へと漕ぎ出したのが七月六日のことだからしばらくは九州北部に逗留していたのであろう。

さて、田浦を出帆した遣唐使船団は、翌晩（七月七日）には強い南風に煽られ、四隻のうち第三と第四の両船が消息を絶ったという。そのうち、判官の三棟今嗣《みむねのいまつぐ》らが乗った第三船は遠く琉球に漂着したことが後に判明したものの、第四船の

伊予親王［生年不詳〜807］平安前期の皇族。桓武天皇の皇子。平城天皇の異母弟で平城天皇が即位した翌年、謀反の疑いをかけられ、母親とともに川原寺（奈良県明日香村）に幽閉され、6日後服毒して死んだ。

行方は杳として知れなかった。しかし、近年の研究では、唐の元和元年（八〇六）に高階遠成《たかしなのとおなり》*の一行が長安に入り、空海帰国のきっかけとなった船を第四船の展開と見る説も提起されている。

大使・藤原葛野麻呂の報告（『日本後紀』延暦二十四年六月乙巳条）によれば、空海の乗った第一船は、三十四日の漂流後、遠く福州（現・福建省）の長渓県《ちょうけいけん》赤岸鎮の南の河口に着岸した。他の三船よりも相当南方へ流されたことになる。後の仁寿三年（八五三）に、唐の商客の王超《おうちょう》等の船で入唐した天台宗の僧・円珍《えんちん》は、偶然に同じ福州の連江県に到着し、船を廻航して州都の福州に達している。

遭難を辛うじてまぬがれた第一船であるが、その到着地は通常の遣唐使のコースからはかけ離れたものであり、現地の役人も最初は当惑したようである。鎮将（町長）の杜寧《とねい》や県令（市長）の胡延沂《こえんきん》などからの相迎は受けたが、あいにく福州刺史（知事）の柳冕《りゅうべん》は病気で辞任したあとで、後任の閻済美《えんさいび》は都からの赴任が遅れ、まだ福州に着任していなかった。

その結果、漂着した船は役人によって封鎖され、一行は現地の砂地の上に十三棟の仮屋を作って住まわされた。このような一見非礼とも感じられる処遇は、大使一行が当時の慣例に従って天皇の国書を携えず、国信物（朝貢品、皇帝への献上物）にも印書がなかったことへの疑惑と不審からであったという指摘がなされている。そこで葛野麻呂が書状をしたためたが相手方に意図が伝わらず、一向に状況は改善されなかった。見かねた空海が自ら申し出たのか、すでに漢文・漢語

高階遠成　たかしなのとおなり［756〜818］平安初期の官人。805年（延暦二十四年）遣唐判官として入唐し、留学生・橘逸勢、留学僧・空海らをともなって帰国した。以後、主計頭、民部少輔などを歴任した。

の実力が評価されていたのかは定かではないが、大使に代わって福州の観察使に送った書状（「大使のために福州の観察使に与うるがための書」）が、『性霊集』の第五巻に収録されている。ただし、いわゆる代筆であるために、文中には「空海」の名前は登場しない。

この書状が効を奏し、ようやく新任の観察使兼刺史の閻済美の適切な処遇を得、大使以下二十三名に限って長安の入京が許された。ところが、その中に空海の名前はなかった。後の伝記類や近年の歴史小説では、閻済美が空海の才能を惜しんで側に留め置こうとしたとか、彼が空海に男色の対象としての感情を抱いたためなどの下世話な俗説が述べられているが、実際に他の遣唐使節でも全員が入京できたわけではない。必ず行われた人数制限の理由は、朝貢使一行の中国における旅費や滞在費を、すべて唐朝が負担していたためという。

だが、入唐の目的が長安に伝わっているであろう新密教の獲得に定まっていた空海にとっては、まさに驚天動地の出来事であった。直ちに「福州の観察使に与えて入京する啓」をしたためて奏上し、やっと長安に入京する許可を得たのは幸いであった。藤原大使とともにようやく認められて福州を発った空海一行がどのような行路を取ったのか、どのような行程であったのか。それを記録した資料は残されていない。しかし、帰国後の大使の奏上（『日本後紀』巻十二）によれば、福州を発ったのが十一月三日である。新年元旦の朝賀の儀に間に合うためには、「藤原葛野麻呂伝」にあるように、

星に発ち、星に宿し、晨昏《しんこん》（早朝と夕方）兼行す

という、未明から夜半にかけて昼夜兼行の非常な強行軍であったことは疑いない。

　空海の親族であるにも関わらず天台宗に入った円珍が、のちに福州から長安の都に到ったコースを合わせて考えると、おそらく次のような旅程であっただろう。まず、福州から閩江《びんこう》を船で遡り、山間の南平に到る。そこから二つに分かれた川の東側をさらに遡って、建甌・浦城を経て、分水嶺となる仙霞嶺《せんかれい》を越えれば、現在の省区分でいう福建省から浙江省へと入り、風景も一変する。平地に下りた江山からは、船で銭塘江《せんとうこう》を下り、有名な水の都・杭州に到着する。杭州は西湖《せいこ》という湖の町であり、異民族である蒙古人が建てた元朝の南方への前進基地（南都）として繁栄した。中国の南北を繋ぐ交通と貿易の要衝の地であり、マルコ・ポーロは「世界で最も美しく華やかな都市」と称えた。市内にある霊隠寺《れいいんじ》の飛来峰《ひらいほう》には、元の至元年間に漢式（中国様式）と蔵式（チベット様式）の石の仏像が多数彫られているが、もちろん空海が通過した当時は、まだ発展途上であったであろう。

　この行程において、杭州からは、隋の煬帝が華北と江南の各地を結び整備した大運河を利用したことは疑いない。長江から杭州に到る江南河で蘇州、揚州を経

飛来峰

西湖

由し、黄河と淮水を繋ぐ通済渠《つうさいきょう》を通って汴州《べんしゅう》（現・開封）に到着したと思われる。以後は陸路を西進し、唐朝の東都と称される洛陽に入る。このとき、有名な龍門石窟を拝したかもしれない。小休止したあとは、最後の難所である函谷関《かんこくかん》を経て、やっと待望の長安の東の要衝である長楽駅に至ったのは、その年も暮れに押しせまった十二月二十一日であった。福州を発ってから五十日ほどで約二千四百キロ、わが国でいえば、北海道の北端から九州・鹿児島までの距離にほぼ匹敵する、文字通り中国の南から北まで、南方では船を利用し北方では馬を用いる、まさに南船北馬の大旅行であった。一日の行程は、約五〇キロ。しかし、希望と期待に満ちた空海にとっては、決して苦にはならなかったであろう。

そして、密航の疑いを解くのに苦労した赤岸鎮とは異なり、今回は事前に連絡が届いていたため、唐の朝廷の内使（宦官と思われる）の趙忠《ちょうちゅう》が官馬を連ねて出迎えた。大使らは官馬二十三頭にそれぞれが乗って、憧れの長安城に入った。

第四章 空海入唐の歴史的意義

一、長安入京

嵐を越えて海を渡り、広大な中国大陸を一路、都へと急いだ一か月半の旅の末、無事長安に到着した遣唐大使・藤原葛野麻呂や空海一行には、国内の物品を主に扱う東市（東の大市場）にほど近い、宣陽坊《せんようぼう》の公館が宿舎として与えられた。そこには、明州で客死した副使・石川道益に代わって、判官・菅原清公《すがわらのきよきみ》＊が率いた第二船の一行が、第一船の大使たちより早く十一月下旬に長安入りして逗留していた。

紆余曲折を経てようやく目的の地を踏んだ藤原大使は、遣唐使の公式業務として、監使（秘書官）の劉昂《りゅうぼう》を通して朝貢献納の品々を時の徳宗皇帝に献上した。すでに政務への情熱を失い、老耄の進んだ皇帝自身は出て来なかったが、通例のように大使らには官賞が贈与され、内裏では宴が催された。このとき、大使には「賀能《かのう》」という唐名が与えられている。入京後の空海に、いかなる役割を与えられていたかは資料不足であるが、翌年二月初旬に藤原大使のために隣国の渤海《ぼっかい》国の王子への書状（「藤大使、渤海の王子に与うるがための書」）を起草していることを考えると、長安における空海は事実上、大使の秘書兼通訳の役割を果たしていた可能性が高い。

空海が入唐した当時の九世紀初頭の長安は、二百年続いた大唐帝国の都という意味のみならず、世界各地の文化が集まる中心地として「世界の都」として称え

菅原清公　すがわらのきよきみ［770～842］平安初期の公卿、文人。道真の祖父。家が貧しかったため苦学して経史を学び、早良親王に侍し、文章生となった。延暦二十三年、遣唐判官として入唐、翌年帰国。のち嵯峨天皇の儀式衣服を唐様に改め、内裏殿舎、門などに唐風名の額を掲げたりして朝儀改善を行ったのは、清公の進言によるといわれている。

小雁塔

大雁塔

られていたことは周知の通りである。だが、第三代皇帝・高宗*の時代には強大な軍事力を背景に最大版図を築き、繁栄の絶頂にあった唐朝も、玄宗*治世下の七五一年、中央アジアの覇権を賭けたタラス河畔の戦いで、イスラム教徒のアッバース朝に大敗を喫したことから翳りが見え始めていた。さらには節度使の安禄山《あんろくざん》・史思明《ししめい》が起こした安史の乱（七五五〜七六三）の収拾のため、ウイグル族などの他民族の援助を要請する状況に追い込まれるなど、内外に対する勢力も次第に下り坂となる時代でもあった。最盛期を過ぎたとはいえ、世界の最先端であった文化の都・長安は、はるか異国の密教を希求する空海にとっては、まさしく聖俗両面にわたる夢の都、理想が息づく場であった。

年が改まった唐の貞元二十一年（八〇五）正月元旦、慣例に従って大使らは宮中の大明宮において朝賀の儀（新年の儀式）に参列した。ところが、在位二十六年に及び、しかも以前より病を得ていた徳宗は、翌日（二日）容態が急変し、その月の二十三日に崩御した。

儒教の国・中国では、規定による三日間の服喪期間は政務が中断され、朝賀の儀参列の大役を果たして帰国の許可を待つ大使一行も、宣陽坊の官宅に留まった。宣陽坊は、左街の中央、ちょうど東市の西に位置する賑やかな大坊で、少し西には則天武后*の発願による大薦福寺《だいせんぷくじ》の境内に建つ小雁塔《しょうがんとう》を、はるか南には玄奘三蔵が持ち帰った経典類を収めたことで有名な大慈恩寺の巨大な大雁塔を望む絶好の位置にあった。アジア文化の中心地・長安でも、とくに仏教文化の中枢的位置

高宗　中国・唐の第三代皇帝。在位は628〜683年。治世の前半は国威発揚をはかったが、のちに武后を入れたことで唐朝を衰えさせた。

玄宗　中国・唐の第六代皇帝。睿宗の第三子。武后、韋后の専横を除いて、唐朝を復興。開元の治という黄金時代を築いた。その時代に密教が流行し始めた。

則天武后　［623?〜705］中国初の女帝。14歳で太宗の後宮に入った。655年、高宗の皇后になって、本格的に政治に関わった。才能と忠誠心を重んじ、身分にとらわれずに人材を登用するとともに、外交政策や軍事にも積極的に介入、朝鮮半島を平定し、中国東北部（満州地域）を安定させた。690年、自ら帝位に就き、国号を周に改めた。仏教を重んじ、朝廷での席次を「仏先道後」に変えた。こうした政治は「垂簾政治」と称された。

にあって、宣陽坊滞在中の空海も、異文化の知識を吸収するための計画を練ったのだろう。帰国後に著された空海の著作の中に、玄奘三蔵に関する直接・間接の言及が多いのは決して偶然ではないと思われる。

同月十一日に大使一行は長安の都を後にしたが、諸般の補佐を通して急速に親密になったであろう空海と藤原葛野麻呂の交友関係は、帰国後も継続した。空海はのちに彼の親族や当人の法事を勤めているが、この時も帰朝する大使に玄宗皇帝作成（自撰）の「一行《いちぎょう》阿闍梨《あじゃり》碑文《ひぶん》」の拓本を託している。『大日経』の訳者・善無畏三蔵を補佐した一行禅師を、「禅師」ではなく「阿闍梨」と敬称する同文は、まさに空海が求めるものの一端を示していた。

大使一行が長安を離れた同日、空海は直ちに宣陽坊の官邸を離れ、同じ長安城内の大寺・西明寺《さいみょうじ》に居を移した。西明寺は、中央の朱雀大路を挟んで反対側の右街の西市（西の大市場）に近い延康坊《えんこうぼう》にあり、創建は太宗の時代まで遡る。かつて玄奘三蔵も関与したといわれ、南山律の巨匠・道宣《どうせん》*（五九六～六六七）や『一切経音義』（慧琳音義）百巻を撰述した慧琳《えりん》（七三七～八二〇）をはじめ、数多くの名僧・学僧を輩出した名刹である。長安の人々には牡丹の名所としても親しまれており、盛唐の著名な詩人であった白楽天（白居易）も、「重ねて西明寺の牡丹に題す」を残している。

わが国では、日本からの留学僧の止宿する寺として以前より知られていた。養老年間に遣唐使の戻り便で帰朝した道慈《どうじ》は、善無畏三蔵から求聞持法の経軌を授

道宣　どうせん［596～667］中国唐代の律学僧。玄奘の訳経を手伝い、晩年戒壇を設け、後世の戒壇の模範になった。

白楽天

かり、また、持ち帰った西明寺の指し図（見取り図）に基づいて南都（奈良）に大安寺《だいあんじ》を建立したといわれている。西明寺には、空海と入れ替わりに遣唐使節とともに帰朝した永忠《えいちゅう》という三論宗の僧が留まっていた。空海自身が「永忠和尚の故院（もと住んでいた部屋）に留住」したと述べるように、両者は前住者と後住者であった。空海が大使らと居住していた官邸のある宣陽坊と西明寺のある延康坊は比較的近く、永忠から長安の都での仏教についての様々な情報を得ていたのであろう。彼らの交流は、空海帰朝後も続く。

二、般若との邂逅

空海は、唐における最初の師・般若三蔵より、梵語（サンスクリット語）を学んだ。西明寺からほど近い醴泉坊の醴泉寺《れいせんじ》に般若が住んでいたことから、接触は早い時期に行われたと考えられ、少なくとも密教の師・恵果*を訪ねる以前であったと考えてよいだろう。

密教の師弟のつながりを論じた空海撰『秘密曼荼羅教付法伝』（略称『広付法伝』）の中に、

貧道《ひんどう》（わたくし）、大唐の貞元二十一年（八〇五）、長安の醴泉寺において、般若三蔵および牟尼室利《むにしり》三蔵、南天（南インド）の婆羅門《ばらもん》（インド僧）等の説を聞くに、この龍智《りゅうち》阿闍梨は、今げんに南天竺国に在って秘密の法等を

恵果　けいか［746〜805］中国唐代の僧。不空に師事し、中国真言宗第七祖。代宗、徳宗、順宗の三帝に信任され、三朝の国師と称された。

伝授すと云々

とあるように、般若は、第一に本場のインド仏教の知識を伝えることを重視した。梵語のテキストを三本も空海に与え、これによって梵字・梵語も教授したのであろう。実際、空海は多くの梵本を持ち帰っただけでなく、東寺に伝わる真言祖師図（国宝）のうち、インド僧である龍猛・龍智・金剛智・善無畏・不空の五幅に梵字の書き込みが見られるように、文法・書法ともに修めたことが明らかである。

『宋高僧伝』によれば、般若は西北インドの出身と伝えられる。母方の親族にイラン系の名前が見られることから、混血系の西域人の可能性が高い。『倶舎論』や『大毘婆沙論』などのアビダルマ*教学を基礎として、中インド・ナーランダ僧院では中観・唯識に代表される大乗仏教教学を修め、南インドでは密教も教授されていたようである。彼が訳出した『守護国界主陀羅尼経』や『大乗本生心地観経』などの中には、『金剛頂経』や『大日経』からの引用やその教義的影響が認められる。次に、般若が空海に与えた影響は、宗教、とくに密教と政治・権力との関係であった。般若は、宗教上位の国・インドと政治上位の国・中国との間に、政治と宗教の関係に対するスタンスの違いをみて、思想の一部を変容させた。不空が提唱した仁王経法、すなわち五大明王の修法などの密教による鎮護国家説を多少改変し、国王の好意と協力によって仏教が国家を護るという二次的な護国思想を空海に説いたのである。

アビダルマ　梵語で、日本語では阿毘達磨と書く。対法、無比法、勝法などと漢訳され、明示された教法の意味で、単に論ともいう。

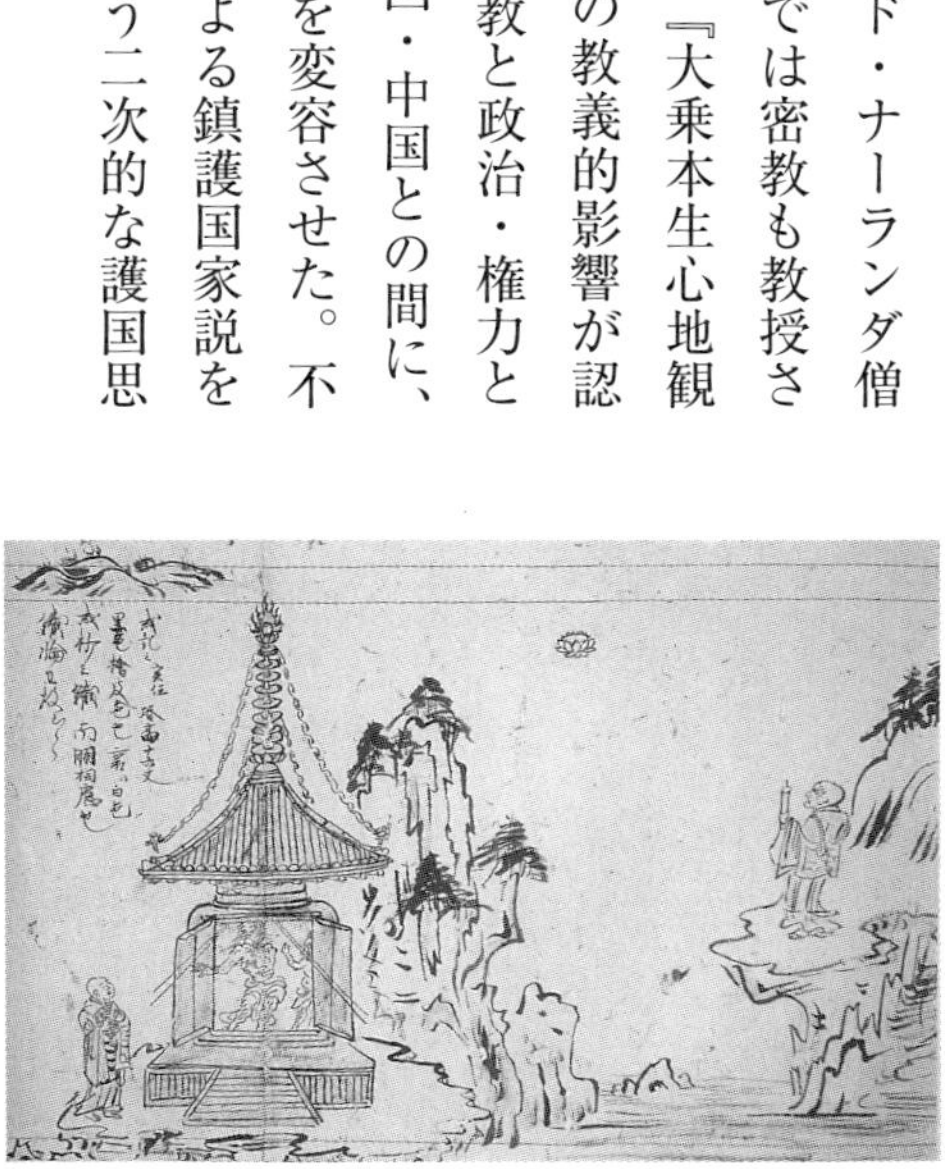

南天の鉄塔（南天鉄塔図）［勧修寺所蔵］

空海に直接密教を授けた恵果和尚は、異国人であるがゆえに中国での仏教布教の困難さに直面した般若とは異なり、長安郊外の昭応に生まれた中国人の密教阿闍梨であった。恵果は空海に、中国に根付く陰陽思想*を踏まえた金胎両部の密教とそのマンダラ、さらには各尊の修法を伝えたが、国家と密教との関係についてはほとんど伝授しなかったと思われる。恵果は実践の人であり、修法の人であった。むしろ、般若三蔵が後に『大乗本生心地観経』（略称『心地観経』）の中で体系化した「四恩《しおん》」（父母の恩・衆生の恩・国王の恩・三宝の恩）の方が、彼が翻訳した諸経典を通して日本仏教に思想的に大きな影響を及ぼしたのである。

三、恵果のもとに到るまで

長安滞在中の空海の行動は、すでに目的となる軸を定めており、時流に身を任せた受動的、かつ行き当たりばったりのものではなかった。その行動の意図するところは、密教の中でも完成度の高い聖俗合一の思想と実践を体系化させていた瑜伽密教へと収斂していたように私は考えている。

中国における新密教（瑜伽教《ゆがきょう》）は、玄宗治世の開元年間、善無畏と金剛智《こんごうち》*というインドの密教僧によって請来された『大日経』と『金剛頂経』を基盤として、各々の弟子である一行禅師と不空三蔵の尽力で、中国社会への受容を目指す方策が試みられた。長安・洛陽の大寺における文殊菩薩像の食堂安置や山西省の五台《ごだい》山《さん》の密教化など現実的な制度化が始まったが、一行の夭折と不空の遷化という重

陰陽思想　古代中国の陰陽五行説に基づいて天文、暦数、卜筮、相地などを判断する考え方、思想。中国でも日本でもかなり世俗化したが、日本には「法師陰陽師」（『今昔物語』）という、こうした考えをもって実践した僧侶たちもいたようだ。

金剛智　こんごうち［671〜741］インド・バラモンの出身で、密教を学び、海路中国広州に入り、洛陽・長安で密教経典を漢訳、灌頂の道場を建てた。密教第五祖（中国では初祖）といわれる僧。

要人物の喪失によって、密教はいわゆる宗派という制度的装置を完成しないままに、歴史の中で放置されたのである。

中国密教受難の時代に飛び込んだ空海は、当時最高の宗教的環境にあった西明寺を拠り所として、必死に情報を集めていたことは疑いない。もし、同寺の長老僧・円照律師が存命中であったなら、彼自身が深く関わった不空三蔵のことに関連し、五台山金閣寺の含光《がんこう》や崇福寺の恵朗、新羅の慧超《けいちょう》などの不空の高弟たちが次々と遷化していく中で、不空晩年の弟子であり、まだ若輩であった恵果が次第に重要な位置へ昇らざるを得ない状況を語ったであろう。代宗の大暦十九年（七七四）、長安城東部に位置する新昌坊青龍寺にあった恵果は、師から直接授かった金剛界法*（『金剛頂経』系密教）と善無畏門下の玄超《げんちょう》から受けた胎蔵法*（『大日経』系密教）を両軸として、同寺東塔院に毘盧遮那灌頂道場を賜った。以後、両部密教の修法と灌頂を行うことによって、恵果は国家の要望に応え、かつ弟子を育成した。俗弟子・呉殷《ごいん》の『恵果阿闍梨行状』によると、「三朝（代宗・徳宗・順宗）の国師」と称されたという。しかし、生来温厚な気質で病弱でもあった恵果は、貞元十八年（八〇二）には隠退を乞うたが赦されなかった。

空海は長安の諸寺を順に歴訪した中で、「偶然に」恵果に出会ったのではない。すでに密教の中でも体系化された『大日経』や『金剛頂経』という中期密教のみに目標を定めており、梵語・梵字などの必須知識を修得した上で、おそらく西明寺、もしくはその周辺に止宿していた志明・談勝等を誘って、恵果に接触したの

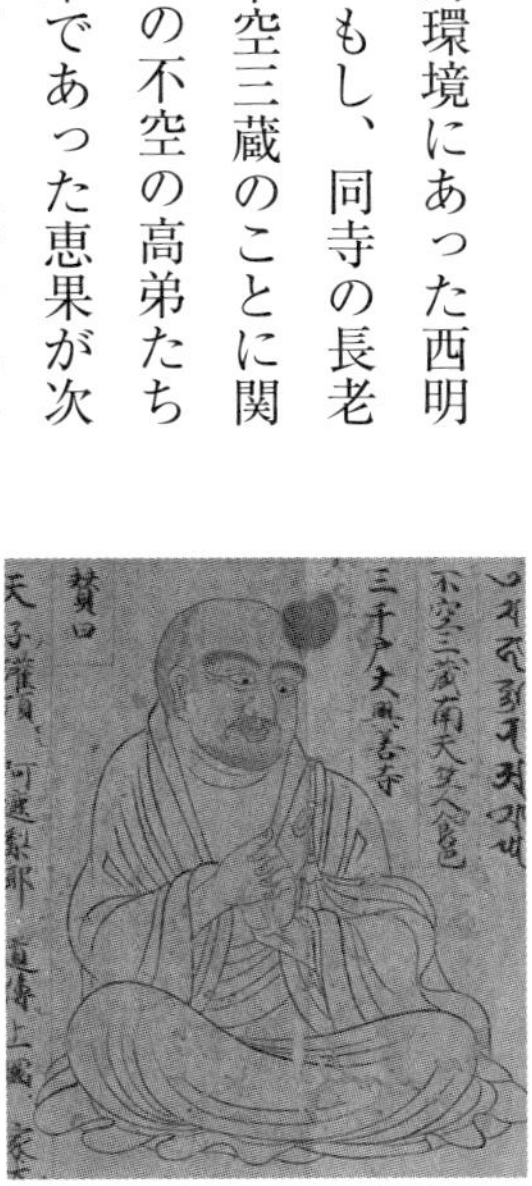
不空［白描先徳図像（重文）／東京国立博物館所蔵］

金剛界法　金剛とは宝石の中でももっとも固（剛）いものをいう。ここから密教では堅固なものに冠する言葉といえる。密教で大日如来を智徳の面からいったもので、堅固な智徳で煩悩を打ち破るための教えをいう。

胎蔵法　梵語で胎蔵は母胎内を意味する。胎児が母胎内で育つように人々の持つ菩提心を仏の大慈悲が育てるという世界を指す。密教では大日如来の智徳面を金剛界、慈悲面を胎蔵界という。

であろう。当時の長安の都では密教だけではなく、法相、華厳、浄土、禅までを含む多様な仏教と多くの高僧が活躍していた。それにも関わらず、空海は密教以外のいかなる仏教についても僧侶にもついても記録を残していない。晩年の著作である『秘密曼荼羅十住心論』でも他の諸仏教との思想比較、いわゆる教相判《きょうそうはん》釈《じゃく》*（竪《しゅ》の教判《きょうはん》）を綿密に行なうが、そこでも長安にすでに存在していたはずの浄土と禅について、まったく触れない。

満を持した邂逅を果たした後、さっそく付法《ふほう》（伝法）の第二段階に入る。密教の教えとその深奥なる内実を師から弟子へと伝えるには、世俗的な駆け引きはまったく通用しない。おそらく恵果和尚も、西明寺や醴泉寺の僧たちから、日本僧が密教を求めて長安にやって来ていることを伝え聞いていたであろう。「われ先に汝が来たることを知りて、相い待つこと久し」という偽らざる心境である。恵果の言葉にある「報命（寿命）つきなんと欲すれども、付法に人なし」は、多少の誇張はあるにせよ、活動が下降していた中国密教の実情を憂い、その真情を発露した言葉であった。青龍寺において恵果と会い、晴れて伝法の入壇を許可されたのは、おそらく貞元二十一年（八〇五）の五月頃のことと考えられる。はるか難波津を出航してから、およそ一年が過ぎていた。

四、空海の密教受法

中国密教の法灯を護持する恵果にまみえ、感激に打ち震えながら居住する西明

恵果と邂逅

教相判釈　釈尊の説いた教えをさまざまに分類して取捨・体系づけること。日本の仏教各宗の祖師たちも、こうして立宗したので、複雑な相違を生じた。

寺へと戻った空海は、種々万端準備を整えて、三度の灌頂を受けることとなる。灌頂とは、カソリック派キリスト教が行なう洗礼の原型にあたる宗教儀礼であり、新たな資格や能力の発生を証明すると同時に、その教えと実践を成満した免許皆伝の意味合いを持つ場合もある。灌頂の持つ二義性、すなわち学修灌頂《がくしゅうかんじょう》（入門）から中間の教修と実修を経て、伝法《でんぽう》灌頂（修了）に至る密教体系の構造と意義こそが、密教の要である。すでに『大日経』に説かれる灌頂を知識としては備えていた空海であったが、日本には授ける資格を持つ阿闍梨もなく、長安ではじめて直接参加できる機会を得たのであった。この意義ある最初の灌頂について、空海はその模様と起こった奇跡を、『請来目録』で語っている。

　六月上旬、学法灌頂壇に入る。この日、大悲胎蔵大曼荼羅に臨んで、法に依って（規則どおりに）花を投げうつに、偶然にして中台の毘盧遮那《びるしゃな》（大日）如来の身上に着く。

（恵果）阿闍梨、讃してのたまわく、不可思議、不可思議なりと。再三、すなわち五部灌頂を沐《よく》して、三密加持を受く。

　これより以後、胎蔵の梵字の儀軌を受け、諸尊の瑜伽観智を学ぶ

　現在でも、『大日経』・『金剛頂経』に共通して説かれる四種の根本戒を初めに受けなければ、狭義の灌頂に進むことはできないが、空海も密教行者の受戒とも

灌頂道場

いうべき三昧耶戒《さんまやかい》をまず最初に授かったであろう。六月上旬に行われた灌頂は、『大日経』に説かれる大悲胎蔵マンダラに対する儀礼であった。経軌が定める通り、目隠しをして壇上に敷かれた胎蔵マンダラ*の上に花（花房）を落とすと、中尊の大日（毘盧遮那）如来の上に縁を結んだ。つまり、大日如来が念持仏《ねんじぶつ》（個人の守り仏）となったわけである。約一か月後の吉祥日（縁起の良い日）を選び、七月上旬には第二の灌頂に入る。

七月上旬に、さらに金剛界の大曼荼羅に臨んで、重ねて五部の灌頂を受く。また（花を）投げうつに毘盧遮那を得たり。和尚、驚歎したもうこと前のごとし

第二の灌頂は、『金剛頂経』に説かれる金剛界マンダラ*への入壇灌頂である。恵果の密教思想の特徴は金剛界と胎蔵の両部双修にあるが、厳密に言えば、金剛界の方が密教のレベルとして高いことを正しく見抜いていた。だからこそ、先に『大日経』・胎蔵マンダラを修めさせたのである。

そして、さらにその一か月後、いよいよ仕上げとなる重要な儀式、すなわち第三の灌頂が行われた。

八月上旬にまた、伝法阿闍梨位の灌頂を受く。この日、五百僧の斎《さい》を設け

胎蔵マンダラ　マンダラは曼荼羅と書き、悟りの場の意味を持っており、とくに仏・菩薩が集まった姿を図示したものをさす。『大日経』の説く密教の思想を、こうして表現したものをいう。

金剛界マンダラ　『金剛頂経』の説く密教を絵画にして表したもの。

両部曼荼羅（胎蔵曼荼羅）［制作本両界曼荼羅／香川県立ミュージアム所蔵］

て、あまねく四衆《ししゅう》（出家・在家の男女）に供（養）す。青龍、大興善寺の供奉大徳等《ぐぶだいとく》ならびに斎筵《さいえん》（お斎の場）に臨み、ことごとくみな随喜す

恵果との出会いから三か月後、ようやく最後の伝法阿闍梨の位を授けられる灌頂を受けた。今回は、胎蔵と金剛界の両密教の免許皆伝を意味するものであり、両部密教の正式相承を認められた阿闍梨・空海（遍照金剛阿闍梨）が誕生したのである。空海のこの慶事を祝して、同日、道場のあった青龍寺では、宮中に参内を許された高僧をはじめ、寺内の男女すべての僧俗（比丘・比丘尼・優婆塞*・優婆夷*の四衆）に感謝のお斎《とき》（無料の食事接待）がふるまわれた。

五、恵果が伝えたもの

空海に自らの密教をすべて伝え、大きな役割を成し遂げた恵果は、半年後の同年十二月十五日に心静かに旅立った。

恵果自身の著作数は乏しいが、その言葉はわずかに空海が真言密教の相承を論じた『秘密曼荼羅教付法伝』の中に見ることができる。

常に門人に言って曰《いわ》く、金剛界・大悲曼荼羅両部の大教は、諸仏の秘蔵、即身成仏の路なり

優婆塞・優婆夷　うばそく・うばい　優婆塞は在家男性で、三法に帰依し、五戒を受けた人をいう。優婆夷はその女性。

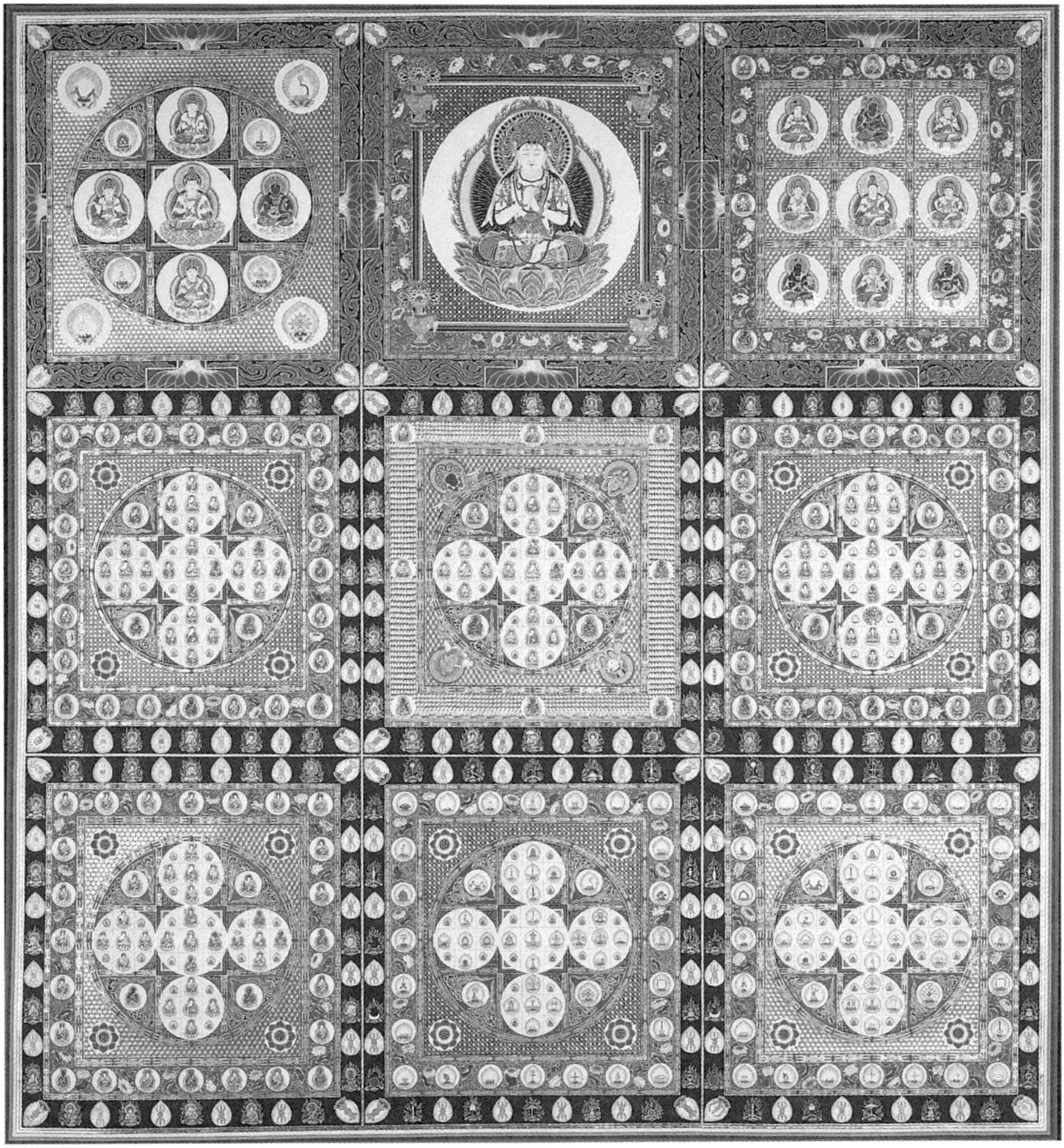

両部曼荼羅（金剛界曼荼羅）［制作本両界曼荼羅／香川県立ミュージアム所蔵］

として、金剛界（『金剛頂経』）・胎蔵（『大日経』）の両部を総合した密教を、恵果の教えと実践の特徴として捉えている。中国人僧の恵果にとっては、陰陽二元的な両部の考え方はまさに馴染みのあるもので、恵果の密教思想においてこそ両部双修が完成されたのであろう。実際、空海が恵果から授かったものは、ほとんど両部密教を象徴するものであった。

伝法阿闍梨となって日本へと密教を伝える空海に、恵果は、有形・無形の必需品と助言を与えた。供奉丹青《ぐぶたんせい》（宮廷画師）の李真《りしん》など十余人に命じて、胎蔵・金剛界の両部マンダラをはじめとした計十幅の仏教絵画を描かせ、二十余人の写経生を集めて『金剛頂経』等の重要な密教経典を書写させた。その中で、空海や友人の橘逸勢*が書写した『三十帖冊子《さんじゅうじょうさっし》』は今も仁和寺《にんなじ》に伝わり、国宝に指定されている。さらに恵果は、宮廷専任の鋳博士《いものはかせ》の趙呉《ちょうご》（楊忠信）に命じて、修法や修行に不可欠な密教法具等を製作させている。

密教相伝のために、弟子・空海に授けた中でも、恵果阿闍梨の明確な意志を表したものとして、

(1) 仏像等
(2) 道具
(3) 阿闍梨付嘱物
(4) 青龍阿闍梨付嘱物

橘逸勢　たちばなのはやなり［生年不詳〜842］平安時代の官人。804年（延暦二十三年）、最澄、空海らとともに留学生として入唐。その才能から唐で、橘秀才《きつしゅうさい》と称されたが、その分狷介な性格だったと伝えられる。2年後空海とともに帰国し従五位下に叙されたが、老病を理由に出仕しなかった。没年から考えてそれほどの年齢でもなかったと思われる。842年（承和九年）、皇太子恒貞親王を擁して東国入りを謀った、いわゆる承和の変で首謀者の一人として伊豆へ配流になる途中、病没した。事件の真相は不明。嵯峨天皇、空海とともに三筆と呼ばれた能筆家で、平安宮門の扁額の多くはこの人の筆になるといわれている。

の四種を挙げることができる。

このうち「仏像等」(図像・図画)の重要性はもはや言うまでもない。

大毘盧遮那大悲胎蔵大曼荼羅一鋪　七幅一丈六尺
大悲胎蔵法曼荼羅一鋪　三幅
大悲胎蔵三昧耶略曼荼羅一鋪　三幅
金剛界九会曼荼羅一鋪　七幅一丈六尺
金剛界八十一尊大曼荼羅一鋪　三幅
金剛智阿闍梨影一鋪　三幅
善無畏三蔵影一鋪　三幅
大広智阿闍梨影一鋪　三幅
青龍寺恵果阿闍梨影一鋪　三幅
一行禅師影一鋪　三幅
右仏菩薩金剛諸天等の像並に伝法阿闍梨等の影十鋪

前半の五鋪(五点)がマンダラであり、後半の五鋪(五点)はいわゆる祖師図である。この両種の密教画から、師の恵果の伝えたかった密教の内容を十分に読み取ることができる。

とくに、最初に掲げられた五点のマンダラが両部・両界マンダラである点に重要な意味が含まれている。類似した名称を持つ両部・両界マンダラのうち、まず

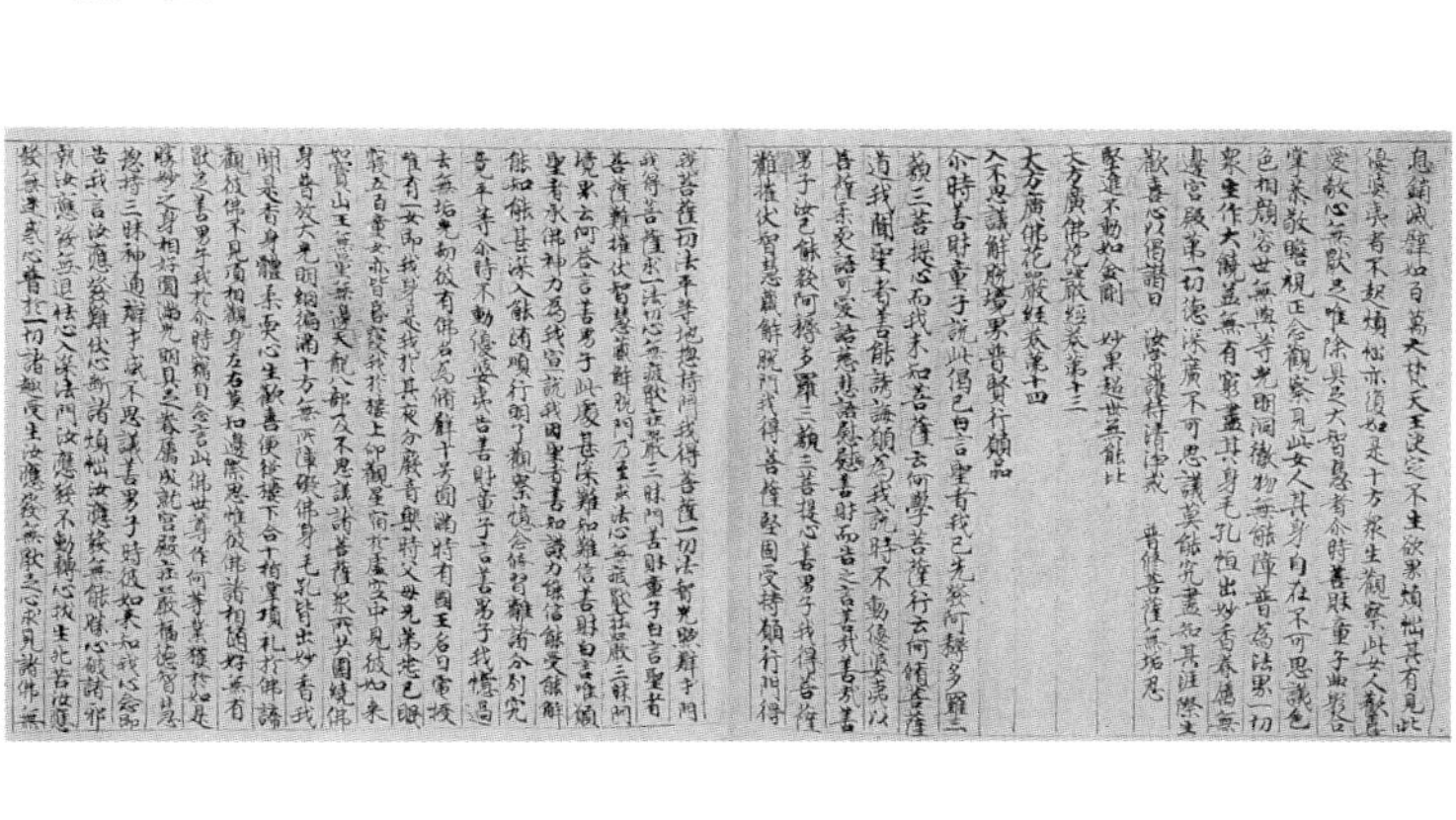

三十帖冊子

基本となるのが、『大日経』に説かれる胎蔵マンダラと『金剛頂経』に説かれる金剛界マンダラの一具（セット）とする両部マンダラである。空海の直弟子や天台密教の碩学であった円仁・円珍の頃から、「胎蔵」の下に原典にはない「界」の字が加えられた。「胎蔵界」マンダラと金剛界マンダラを一具とした場合には、両界マンダラとも呼ばれている。

先掲の一覧にも明らかなように、空海は「胎蔵界」の用語は用いないため、正確さを期するならば「両部マンダラ」となろう。ここで確認しておく必要があるのは、空海請来の五点のマンダラのうち、前の三点は胎蔵マンダラ、後の二点が金剛界マンダラであることだ。しかも胎蔵マンダラの場合は、尊像で詳細に描いた「大曼荼羅」と、各尊格を梵字（種字）で表わした「法曼荼羅」と、持物や印《いん》相《ぞう》などで象徴した「三昧耶曼荼羅」という三種のマンダラで表現しているのは、インドで成立した四種類のマンダラ表現を正確に理解していたことを示している。

それに加えて、恵果は両部マンダラとそれらの典拠となる『大日経』・『金剛頂経』の両部密教を拠り所としていたことは明白である。極言すれば、それが恵果の密教の最大意義であった。金胎両部の伝授を受け、恵果の計らいで密教相伝のために不可欠な数々の品を授かった空海は、恵果自身からも、自ら着用していたとされる健陀縠子袈裟《けんだこくしのけさ》をはじめとして、碧瑠璃供養鋺《へきるりくようわん》（青色ガラス製の容器）などの日常の僧具を与えられた。

このうち国宝に指定されている健陀縠子袈裟は、東寺に現存しており、国家と

法門寺・立体曼荼羅

世界の安穏を祈願する正月の後七日御修法《ごしちにちみしほ》に大阿《だいあ》（導師）が着用する決まりになっていた。七つの条（縦の七枚）からなるこの七条袈裟は、詳細にいえば、袈裟・横被《おうひ》・修多羅《しゅたら》・組み紐から成っており、典型的な中国・日本風の衲衣袈裟《のうえけさ》である。捨てられた布片を集め繕って着用するインドの糞掃衣《ふんぞうえ》の外見をとっているが、実際は絹糸を用いた綴錦《つづれにしき》に、緯糸を刺子状に織り込んだ唐代随一の絶品である。

ところで、しばしば人びとの関心を集めるのが、空海の経済的基盤、つまり財源がどこにあったかという点である。師に対する謝礼、誇張もあろうが五百名という大人数に布施したお斎、さらには多くの写経生などを動員して行なった経典筆写、その他の各種典籍の入手にかかる費用、またこれらを日本に持ち帰るための支度も大変なものであったであろう。たとえ師の恵果の厚意があったにせよ、決してすべてが無料であったはずがない。

空海の経済的基盤について言及した文献は、残念ながら残されていない。平安時代前期の法令集である『延喜式《えんぎしき》*』によれば、留学生・留学僧には紬《つむぎ》四十疋（一疋＝約一二一・四四メートル）、綿一百斤（一斤＝約五九六・八グラム）など、遣唐副使にも匹敵する額が、出発に当たって朝廷から支給されていた。空海も同額を与えられたならば、多少の資金的余裕もあっただろうが、彼の場合は、あとに続く円仁・円珍・宗叡などの入唐僧と比しても、その入唐の顛末からして大きく事情が異なっていた。

世俗的な発想だが、入唐を希求する空海の後援として、縁のある氏族・有力者

延喜式 弘仁・貞観式のあとを受けて、延長五年（927年）に編纂された律令の施行細則法。

からの資金援助があったことがまず最初に考えられる。私度僧として都を飛び出した空海とはいえ、出身氏族の佐伯氏や深いつながりのある大伴氏とも関係を持ち続けており、急な入唐における推挙を得る一方で、資金面等でもそれなりの援助を得ていたのではないだろうか。伯父・阿刀大足が個人教授を務めていた伊予親王が、その代表例ということになろう。

次に考えられるのは、入唐後に交流を持った中国人官僚からの援助である。東洋史研究者の前嶋信次氏の『空海入唐記』（誠文堂新光社、一九八三年）やフィクションとして中国での空海を描いた陳舜臣氏の『曼陀羅の人』（TBSブリタニカ、一九八四年）などで、すでに想定された説である。具体的には、寒門《かんもん》（名門でない家柄）の出でありながら、徳宗の末年から順宗の時代に仏教関係を取り扱うことによって出世し、般若三蔵の翻訳にも貢献した王叔文《おうしゅくぶん》（七五三～八〇六）を挙げることができる。王叔文と仲間の王伾《おうひ》（?～八〇五）が実権を握っていた時期と、般若・恵果・空海が活躍した時期がちょうど重なるため、いささか大胆な推測だが、可能性がないわけではない。

なお、現存する空海請来品の中に、順宗から下賜されたという数珠《じゅず》が京都・東寺に伝わっており、暦応四年（一三四一）の相伝文書と、貞和四年（一三四八）に沙門鏡尊《きょうぞん》が東寺西院御影堂に施入した文書が添えられている。伝承を事実とするならば、在位中にその数珠を与えることは難しいが、退位後に王叔文らが他者の手を介して、空海に与えたという想像ならば成り立つ。密教の日本請来へ向

金剛智［白描先徳図像（重文）／東京国立博物館所蔵］

一行［白描先徳図像（重文）／東京国立博物館所蔵］

け、空海がさらなる努力を重ねている最中の永貞元年（八〇五）十二月十五日、師・恵果は六十歳の生涯を閉じた。法臘は四十。師との別れに臨んだ空海は、『請来目録』において、

去《い》んじ年の十二月望日（十五日）、蘭湯《らんとう》（蘭をひたした湯）に垢を洗い、毘盧遮那（大日）の法印（法界定印）を結んで、右脇（を下）にして終《おわ》んぬ

と、抑えた筆で語っている。右脇を下にするのは、釈迦の涅槃の姿を模したものである。

恵果の亡骸は荼毘《だび》に付された後、長安の東・龍原《りゅうげん》にある師の不空三蔵の塔の傍らに葬られた。空海は灌頂の師を悼み、『大唐神都青龍寺　故三朝《もとのさんちょう》の国師、灌頂の阿闍梨恵果和尚の碑』（略称『恵果和尚の碑文』）という長文の碑銘を残している。石碑そのものは現存してないが、空海の弟子・真済《しんぜい》僧都の撰した『性霊集』第三巻にその内容が収められており、その哀切たる歎徳文《たんどくぶん》（追悼文）を知ることができる。

恵果は、もう一人の両部付法の弟子である中国人の義明供奉《ぎみょうぐぶ》にも金胎の秘法を伝えているが、空海帰国後、若くして没している。さらに三十数年後、唐の武宗による会昌《かいしょう》の法難（八四二〜八四五）が勃発し、中国仏教全体が甚大な打撃を被った廃仏運動の中で、青龍寺も壊滅的な打撃を受けた。当時の日本と中国の

歴史状況を十分に理解した空海は、師の恵果との宗教的つながりを重んじ、あえて定められた留学期間を朝廷の許可なく切り上げるという闕期《けつご》（無断帰国）の罪に問われる恐れを犯してでも帰国を決意する契機となった。

六、「虚しく往きて実ちて帰る」

有名な「虚《むな》しく往《い》きて実《み》ちて帰る」という言葉は、手ぶらで出かけて、多くの重要なものを持ち帰るという意味である。法を授けることを惜しまなかった恵果を讃える空海の名句（『恵果和尚の碑文』）であるが、その言葉は空海自身の偽らざる実感であった。

空海は、先掲の『恵果和尚の碑文』において、恵果と相互の他生《たしょう》の縁（生まれ変わり、死に変わって師弟となること）を強調するが、そこには日本で密教を広めるという大前提が存在している。入唐以前から空海が求めていた金剛一乗、つまり意義と威力のある密教を、幸運にも長安の都で恵果から受法することができた。もはや師亡き後の中国で徒に月日を送るよりも、早く日本へ帰ってその密教の威力と功徳を広めることが肝要である。しかし当時、いかほどに希求しても、個人の手配で海を渡って帰国することは不可能であった。

そこに天が味方したのか、思わぬ異例の使節団が日本から到着する。歴代王朝の正史の一つである『旧唐書』*巻一九九上の「東夷伝」には、

旧唐書　中国の各王朝の歴史をまとめた正史の一つ。五代の後晋の頃に勅撰された。唐代のなまなましい記録をよく保存しており、宋代撰述の『新唐書』と比べられることが多い。

元和元年、日本の国使判官、高階真人《たかしなのまひと》上言す。前の件《くだん》の学生（橘逸勢と空海）、芸業稍々《しょうしょう》（次第に）成り本国に帰らんことを願う。すなわち臣と同じく帰らんことを請うと。これを従《ゆる》す

とある。

もっとも、唐の朝廷が帰国許可を与えたからといって、空海の帰国にまつわる問題がすべて解決した訳ではない。規定というよりむしろ当時の慣例として、留学僧には二十年の留学を義務付けられており、その期間を勝手に切り上げることは、処罰を下される可能性すらあった無断帰国である。

藤原大使とともに福州の赤岸鎮に辿り着いた際の奏上書、「福州の観察使に与えて入京する啓」において、自ら留学僧として「限るに廿年を以てし」と述べていることからも分かるように、二十年の留学期間があることは空海も承知していた。しかし、実質二年の間に恵果と般若から得た密教が持つ意義は、滞在予定期間の半ばにも至らずに帰国する「闕期の罪」を犯すのを補って余りあることを、『請来目録』において弁明している。

十年の功、これを四運（四季、すなわち一年）に兼ね、三密の印、これを一志に貫く（心に体得した）。この明珠《めいしゅ》（すばらしい宝、密教のこと）を兼ねて（持ち帰って）、これを天命に答《とう》せん（天皇に答えたい）

「十年の功を一年で得た」というのは空海の独自のレトリック（修辞法）であって、実質は二十年の留学期間を二年で切り上げることなのだが、空海には宗教的権威を持つ恵果の遺言があったと同時に、新しい思想・宗教が求められているという時代の趨勢を見る目があったといえよう。

藤原葛野麻呂を大使とした延暦の遣唐使節の次で、実質最後の遣唐使節団となった承和の遣唐使が入唐したのは承和五年（八三八）。実に空海入定（逝去）の三年後のことであった。もしこのとき高階遠成の一行と共に帰国していなければ、空海の名前と教えは歴史上に全く刻まれなかったに違いない。かつて明州の海辺に立って、望郷の歌を詠んだ阿倍仲麻呂や、没後約千二百年経った二〇〇四年、西安市（旧・長安城）内の工事現場から墓誌銘が発見され、その名を知られた井真成のように、空海もむなしく異国の土となっていたことだろう。

帰国の目途が立つと、空海は交遊のあった青龍寺や西明寺などの僧侶や長安の文人墨客と別れを惜しんだ。平安前期、淳和天皇*の勅を受けて良岑安世*らが編集した勅撰漢詩文集である『経国集』には、空海が青龍寺の義操へ贈った離別の歌が収録されている。義操は恵果の高弟で、空海にとっては兄弟子にあたる。義操の弟子には、義真（青龍寺東塔院）、海雲（浄住寺）、法潤（青龍寺東塔院）、文秘《ぶんぴ》（青龍寺）、法全《はっせん》（玄法寺）など、中国密教の重要人物が名を連ねている。このうち海雲は、いわゆる金胎両部の血脈（海雲血脈）を残しており、法全は、

淳和天皇　じゅんなてんのう［786〜840］桓武天皇の第三皇子。823年（弘仁十四年）、嵯峨天皇の譲位を受けて即位。833年（天長十年）、正良親王に譲位するまで在位した。積極的な人材登用を行い、公卿らの意見を採り入れて巡察使を地方に派遣するなど、勧農政策を活発に推進したことで知られる。

良岑安世　よしみねのやすよ［785〜830］桓武天皇の子。母親については諸説ある。828年（天長五年）中納言から大納言に昇進。幼い頃から伎芸万端に優れ、書や音楽にも秀でていたといわれる。『日本後紀』『内裏式』などの編纂に携わり、『凌雲集』『経国集』などに詩を収めている。

『大日経』に対する註釈書を著している。

年が改まった元和元年（八〇六）一月末か二月初旬には、高階遠成の一行は帰国の途に着いたと思われる。万感の思いを胸に長安に別れを告げた空海であったが、江南の要衝・越州（現・浙江省紹興市）に到着後、同地の節度使に書状をしたため、長安では蒐集し切れなかった仏教と他宗教の経書典籍を請い求めている。もっとも、『請来目録』などで、どの書籍が越州で入手されたかを特定することは残念ながら不可能である。一方、空海と同時に入唐した最澄は、長安の地を踏むことなく、天台大師智顗の故山・天台山に向かったが、帰国前に立ち寄った越州で、この地を訪れていた越州・泰嶽霊厳寺の順暁阿闍梨と偶然に出会い、密教の灌頂を受けた。そして、契印・法文等の伝授を得て、百二部百十五巻の経文等をも入手している。

中国語が堪能で機を見るに敏な空海ならば、越州における密教の拠点であり、恵果の孫弟子にあたる義一が住した龍興寺を訪れたかもしれない。もしそうであれば、空海が到る前年に、最澄と通訳として付き従っていた義真が、この地で順暁から灌頂を受けたことを聞き及んだであろう。ただ、空海は長安で恵果から直接得た両部の密教と、般若を通して修得した護国の密教に絶大なる自信と確信を持っていたことは疑いない。

『弘法大師御行状集記』や『橘逸勢伝』などによれば、唐の元和元年（八〇六）、わが国の大同元年八月、空海と橘逸勢は高階遠成の一行とともに、明州（現・浙江省寧波市）の港を発して帰国の途についている。帰途の航海も、往路と同様に海が荒れて難渋したらしい。荒波を越えたようやくの帰国、空海にとっては密教請来の大きな期待と留学期間の切り上げという不安のまじった複雑な感情を胸にした丸二年ぶりの日本の風景であったことだろう。

七、大唐文化の積極的摂取

奈良時代から平安時代中期にかけて、遣唐使節に同行する形で日中を往来した僧侶を「学問僧」と総称したように、僧による渡唐の主目的は仏教の勉学にあった。とくに中国で新たに興った仏教思想と実践をわが国にもたらすことに主眼点があったことは、本書でもすでに幾度となく指摘したとおりである。

とりわけ、平安前期に集中して入唐し、多くの成果をあげて無事帰朝したいわゆる入唐八家は、最澄と空海によって請来された中国密教を、さらに細かく特化させていくことに力を注いだ。その中にあって、仏教・密教という出世間の宗教情報だけにとどまらず、むしろ現実世界の衣・食・住などの文化全般に関心を注ぎ、高度な唐代文化の個別の新要素を積極的に摂取したのは、やはり平安の文化人とも称される空海その人であった。

空海は、他に比べて自ら著した文献資料を多く残しており、しかも、現象を肯定する密教的な性格が強いため、宗教以外の世俗の文化に対しても飽くなき好奇心を抱いた。

多くの仏教者（僧）が、書・書跡を経典・論書を書写するための手段という程度の認識しか持たなかったのに対し、空海は早くから中国の古典や仏典に親しみ、おそらく書跡・書論の知識も得て、書の意義を体得していたと思われる。二十四歳の頃に著したとされる『聾瞽指帰』は、中国・六朝時代より論争の的となっていた儒教・道教・仏教の多くの典籍・経典を引用して、自らの思想遍歴とオーバーラップさせた内容構成だけではなく、近年の研究によると、真筆とされる金剛峯寺蔵本には、日中で愛好された王羲之《おうぎし》*の書を学んだことが伺われ、さらには中国では盛唐、日本では平安時代中頃にもてはやされた破体書《はたいしょ》の萌芽も見られる点で特筆に値する。

このように書を知悉し、その意義を高く評価した空海であったからこそ、長安滞在中には可能な限りの書跡・書具を収集したのである。帰朝後ようやく入京を許され、そのめざましい活動を開始するに当たって、一つのきっかけとして同好の為政者・嵯峨天皇*と春宮《とうぐう》（皇太子）・大伴《おおとも》親王に多数の書跡・書具を献上している。紙幅の関係上、その一端のみを紹介しておきたい。

王羲之の『蘭亭碑』一巻
劉希夷の『詩集』四巻
王昌齢の『詩格』一巻
褚臨王（褚遂良）筆の『貞元英傑六言詩』三巻

王羲之　おうぎし［303?～361?］中国東晋の書家。山東省の人でその書は古今第一とされ、行書『蘭亭序』、草書『十七帖』などがとくに有名。書聖と称される。

嵯峨天皇　さがてんのう［786～842］桓武天皇の第二皇子。809年（大同四年）、兄にあたる平城天皇のあとを継いで即位した。上皇との諍い（薬子の変）以後、政情は安定し、平安文化が花開くことになる。空海、小野篁ら、多くの人材が輩出した。律令制を整備するため『弘仁格』『弘仁式』が編纂され、勅撰の漢詩集『凌雲集』や『文華秀麗集』が編まれ、唐風文化が盛んになった。能筆家で、空海、橘逸勢とともに三筆と称された。

徳宗皇帝の真跡　一巻
欧陽詢の真跡　一首
張誼の真跡　一巻
王羲之の『諸舎帖』一首
徐浩筆の『不空三蔵碑』（厳郢撰）一首
道岸和尚の碑文　一鋪
徐侍郎（徐浩）の『宝林寺誌』一巻
飛白の書　一巻
鳥獣の飛白　一巻
急就章　一巻
朱画の詩　一巻
朱千乗の詩　一巻
王智章の詩　一巻
古今文字讃　三巻
曇一律師の碑銘　一巻
大広智三蔵の影讃（飛錫撰）一巻

これらの内容と意義は、唐代とそれ以前の著名な書家の書跡を意識的に収集している点に集約される。とりわけ、空海が正統な書として重視したのが、東晋の王羲之（三〇七?～三六五?）と盛唐の徐浩《じょこう》（七〇三～七八二）である。前者は、子の王献之《おうけんし》とともに存命中から「二王」と称えられ、唐の太宗が彼の書を崇拝したこともあって、その精神と技巧が調和した書風が、日中の伝統的書風の主流となった。曲水に酒杯を浮かべて宴を催した際に書き上げたことで有名な『蘭亭序』（蘭亭碑）は行書の、『諸舎帖』と略称される「諸舎」の文字から始まる「尺牘帖」は、行草書の名品である。

後者の徐浩が撰した『不空三蔵碑』と『宝林寺誌』の二点も重要である。徐浩は、安史の乱後、徳宗の建中年間（七八〇～七八三）まで生存した人物で、晩年は宮廷の官吏たちの模範となる書風を確立した。不空とほぼ同時代に活躍したことに加えて、伝統派の筆法伝法の方法により古伝を伝えた人物で、とくに楷書は書聖・王羲之の肉を得たと称されている。さらに、初唐の楷書の名家・欧陽詢*（五五七～六四一）の書跡も空海によって請来されている。彼の書跡はすでに奈良時代に伝来し、いわゆる唐楷（唐代の楷書）の模範とされているが、空海はとくに求めて請来し、嵯峨天皇に献上している。

このほか、欧陽詢《おうようじゅん》*・虞世南《ぐせいなん》*とともに「初唐の三大家」と名高く、王羲之の流れを引きつつも独自の婉美さで追従者の多い褚遂良《ちょすいりょう》*（五九六～六五七）の『貞元英傑六言詩』三巻も請来して献上している。現在の日本の書道の礎となる名家の書跡のかなりの部分が、空海請来品の中に含まれており、その意義は非常に大きい。

欧陽詢 おうようじゅん［557～641］中国唐代初期の書家。王羲之の書法を学び、楷書の規範をつくった。

虞世南 ぐせいなん［558～638］中国唐代初期の書家。太宗に仕え、徳行、忠直、博学、文詞、書翰の五絶と称揚された。

褚遂良 ちょすいりょう［596～658］中国唐代初期の書家。博学で楷書の書を能くし、太宗に仕えた。

漢籍と書には造詣が深く、しかも表現についても天賦の才能を有していた空海らしく、先の献上のリストの中に、

飛白の書　一巻
鳥獣の飛白　一巻

という一種の雑書体として特異な技巧を用いる飛白体《ひはくたい》の書跡をも請来し、かつ自らも揮毫している。飛白体とは、刷毛や竹べらを用いて起筆と終筆をリボンを翻したように書く、カリグラフィーにも似た装飾性の高い書体である。

空海真筆と目される書跡は、最も若年の筆になる『聾瞽指帰』をはじめ、『灌頂暦名』、『請来目録』など相当数に及ぶが、東寺蔵の『真言七祖図』（国宝）のうち、金剛智・不空・善無畏などの五祖図の上端部に記入されている「梵号」・「漢号」の書体が、まさに宙を舞うような飛白体である。また、写真のみ遺存する『十如是《じゅうにょぜ》』は、飛白体の中に人物・樹木・鳥・蝶等の形が配されている。上述の空海の献上品に見える「鳥獣の飛白」と結び付くものだろうか。いずれにしても、空海が請来し献上した書跡・書物は、伝統的・模範的な正統派の書と、芸術性・観賞性に富んだ変幻自在の書の両要素を兼備していたのである。

また、狸毛《たたげ》の筆四管（四本）を嵯峨天皇に、また一管を皇太子（後の淳和天皇）に献じているが、そこで、

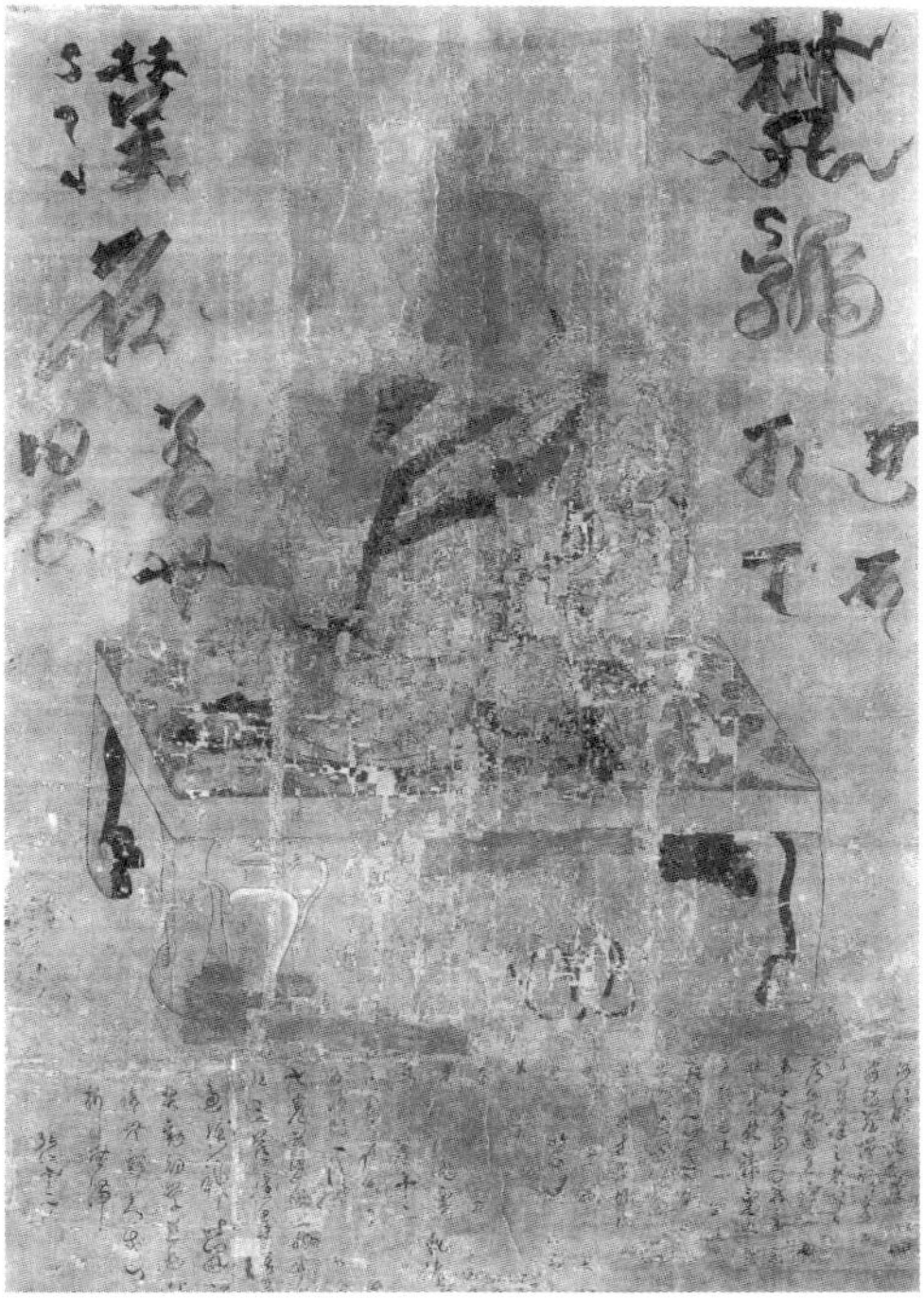

真言七祖図（善無畏像）［東寺所蔵］

不空碑文

毛を簡《えら》ぶの法、紙を纏うの要、墨を染め、蔵《おさ》め用うること、ならびにみな伝え授け訖《おわ》んぬ。空海、自家（自家製）にして試みに新作のものを看るに、唐家（中国産）におとらず

と、謙遜の中にも、書具についての自信のほども十分に示している。

空海の能筆ぶりは、「弘法筆を選ばず」として人口に膾炙しているが、現実の空海は単に「達筆な書家」ではなかった。「能書は必ず好筆を用う」と自らが述べるように、書法や筆の製法など、直接見聞することで得られる微妙な知識を多量かつ高度に身につけており、その点が中国の漢文文化に憧れを持っていた嵯峨天皇とそのブレーンの官僚たちの心を捉えたことは想像に難くない。

なお、空海以外の入唐学問僧で、書や書跡に格段の関心を示した人物は史料に出てこない。ただ、会昌の法難に遭い、在唐八年に及んだ円仁《えんにん》（のちに慈覚大師《じかくだいし》と諡号）の『日本国承和五年入唐求法目録』によると、収集した拓本碑文の中に、

揚州東大雲寺演和上碑并序　一巻李邕

唐故大律師釈道圓山襲碑序　一巻李邕

という条目を認めることができる。末尾の割注に見られる李邕《りゆう》は、行書によっ

綜芸種智院址

て唐代の最盛期の文化を支えた人物として知られており、その碑文も少なくない。漢文文化の中心である中国の強力な文化力は、心ある学問僧にも大きな影響を与えたことだろう。

文化交流を論じる際に、空海の個人資料に登場するのは、教育制度の仕組みである。本書は空海の事績をたどる専著ではないので、必要最小限の言及にとどめるが、厖大な数の仏教者がいる中で、私学を立ち上げることができたのは、おそらく空海一人ではなかっただろうか。

空海晩年の天長五年（八二八）、東寺の東に位置する藤原三守《ふじわらのみもり》の遊園を寄贈された空海は、出身身分を問わずに誰でも勉学できる庶民の学校・綜芸種智院《しゅげいしゅちいん》を創立した。創立趣旨書に相当する『綜芸種智院式并序』（写本は上杉神社蔵）の中で、なぜ私学（私塾）が必要かという問いに対し、空海がその理由を次のように述べている。

答う。大唐の域には、坊坊（各条坊）に閭塾《りょじゅく》（私学）を置いて、普ねく童稚（幼童）を教え、県県（各県）に郷学（地方の学校）を開いて、広く青衿《せいきん》（学童）を導く。

今、この華城（平安京）にはただ一の大学のみあって、閭塾あることなし。この故に、貧賤の子弟、津《しん》を問う（学問する）にところなく、遠方の好事（地方の好学の士）、往還するに疲れ多し。

今、この一院を立てて、普ねく瞳矇《どうもう》（学童）を済わん。また善からざらんやと空海が理想とする、庶民も勉学できる私学の概要を明らかにした。当時は、特定の氏族子弟が学べる私塾はいくつもあったが、他の氏族やましてや庶民に門戸が開かれることはなかった。空海自身、若かりし頃に故郷の讃岐から都へ出て、一時期は都の官立大学に入ったが、その教育制度は必ずしも満足のいくものではなかったようだ。その思いもあって、日本でも最初というべき理想的な私学を開くに際して、その直接のモデルを長安の教育制に求めた。都の各条坊にあった私学と各県に置かれていた公立学校によって、積極的な教育活動が展開される様子を、自らも密教の習得に励む傍らに幾度も目にしたのであろう。残念ながら、他の資料には唐代の教育制度に関する言及はほとんどないが、政治や文化、宗教の新進の知識と情報のみならず、広く日常の文化情報が唐から日本へともたらされ、各種制度のモデルとなったことは明らかである。

第五章
空海に続く者たちの光と影

一、入唐八家と数えられなかった僧

八世紀末から始まる平安時代は、わが国の歴史区分の中でも最長の約四百年の長きにわたる。その前半部分、すなわち寛平六年（八九四）の遣唐使廃止までに、日本から中国へ渡って新しい仏教文化をもたらした八名の僧を、『三国仏法伝通縁起』などでは、とくに「入唐八家」と呼称して重視している。時代的な背景から、これら八名の僧は、「日本密教」と呼ばれる真言宗と天台宗の二宗派に原則として限定されるが、彼らは唐で体系づけられた密教の教義とその個別部分を形成する多くの経典・図像・曼荼羅・仏像等をわが国に請来した。それらの大綱は、九世紀後半に活躍した天台宗の密教僧・安然《あんねん》*（八四一？～九一五？）の『八家秘録』（略称）の中に詳しく説明されている。

また、各々が帰朝後進上した請来品目録には掲載されていないものの、仏教関連以外の、書跡・医学書・天文書などの文化情報も少なからず持ち帰っていることは、当時世界の最先端の文化都市・長安を都とする大国・唐帝国に往来したからこそ接することのできた成果であろう。

「入唐八家」の中でも、歴史上最も果たした役割が顕著なのは、延暦の遣唐使節に随って入唐した最澄（七六七～八二二）と空海（七七四～八三五）であることに何人も異論はないであろう。請益僧として短期在唐した最澄は、帰朝して間もなく、天台宗として年分度者《ねんぶんどしゃ》（朝廷が公認した正式な僧の割当て）を賜り、日

安然　あんねん［841?～915?］平安前期の天台僧。近江出身。比叡山五大院に住み、『教時問答』『菩提心義略問答抄』などを著し、台密教義を大成した。阿覚大師とも呼ばれる。

本に宗派としての天台を根付かせた。一方の空海は、変則的な参加と留学期限を無視した早期帰国等の理由で、約四年間の雌伏の期間を余儀なくされたが、嵯峨帝の弘仁年間の末頃には、仏（ほとけ）・法（教え）・僧（実践者）を具備した宗派としての真言宗を確立した。

新来の仏教を吸収するために同じ遣唐使節で入唐し、同じく念願叶って、平安仏教の二大巨星と称される活躍をしながらも、求めた仏教の性格が大きく異なっていたことは歴史の妙であろう。真言は、自らの修行と国家鎮護の修法等に専念することを旨としたのに対し、天台は、清新な内観と『法華経』に依拠する高度な仏教哲学に特徴があった。しかし、ともに大乗経典の読誦や行法の結果功徳を期待していた点も否定できず、単純に最澄と空海の目指した先が正反対であったとも言えない。

本章では最澄・空海以降に渡唐した残りの入唐八家を中心に、様々な奇禍で帰朝できなかったために八家には数えられなかった「幻の名僧」を含め、個別の業績をあげた学問僧、異国の土となった未帰国僧たちの光と影に目を向けたい。なお、本書では歴史上に登場し、活躍した順にしたがって、編年的に彼らの業績を検討・紹介した。中でも、入唐八家のうち、天台密教に特化される円仁（七九四〜八六四）と円珍（八一四〜八九一）と、真如法親王に随行し、入唐八家の最後を飾った宗叡（八〇九〜八八四）については、それぞれ章を改めて重点的に取り上げる。

二、異国に散った高僧——霊仙

最澄・空海と同じ延暦の遣唐使節とともに入唐し、時の皇帝から三蔵法師の称号を与えられた高僧でありながら、中国で非業の死を遂げた霊仙《りょうぜん》（七五九？〜八二七？）の生涯は、平安仏教の二大巨星ほどには知られていない。数奇な運命をたどりながら、日本仏教史の表舞台から影が薄れてしまった霊仙の行歴を、まずは可能な限り復元してみたい。

　出自については不詳であるが、一般に近江国の出身とされている。滋賀県米原市南東部から多賀町にまたがって霊仙山（標高一〇八四メートル）があり、一説には、この地の豪族である息長《おきなが》丹生《にゅう》真人《まひと》の一族であるという。若くして都へ出て、興福寺で法相唯識を学んだとされる。平安前期の浄土教の中心人物である恵心僧都源信が著した『一乗要決』は、霊仙に関する記述がある数少ない史料の一つであるが、そこでは『心地観経』に見られる唯識説についての質問を、

　答う。彼の経の筆受（口述筆記する役）霊仙法師、もと当朝興福寺に住し、法相宗を習学す。彼の本習に乗じて、経文を潤色す。

と、霊仙が法相の学僧であったがために、経典の内容にそぐわない唯識説の用語を持ち出していると評している。霊仙と法相の関係に触れた史料は、実はこれ

霊仙像　［霊仙三蔵顕彰会］

しかない。次に、延暦二十二年に霊仙が入唐したとすれば、それは藤原葛野麻呂を大使とする延暦の遣唐使節に他ならない。延暦二十三年（八〇四年、唐の貞元二十年）七月に到着した船団は、往路の暴風雨のため、四隻のうち無事にたどり着いたのは、空海の乗船した第一船と最澄の乗船した第二船だけであった。したがって霊仙も、どちらかの船に乗っていたはずであるが、何故か最澄も空海も在唐中も帰朝後も含めて、まったく霊仙には言及していない。

最澄・空海ともに、結果として足掛け二、三年で帰国したのに対して、少なくとも数年の間、霊仙は沈黙の期間を過ごしている。長期留学を命ぜられた留学僧であったため、おそらくは専門である法相の勉学に努めたのであろう。慈蘊から託された『法相髄脳』を手に、諸大徳に教えを請うていたのかもしれない。新たに開宗した天台教学の補強のため、あるいは新来の密教の吸収を目的とした最澄や空海とは、明らかに状況が異なっていた。

長安での霊仙の動きは明らかではない。どの寺院に止宿したのかも不詳であるが、石山寺蔵の『心地観経』の識語《しきご》（書写・入手の由来書き）には「醴泉寺日本国沙門」とあるので、少なくともある一時期は、長安の醴泉坊醴泉寺に属していたと考えられる。醴泉寺には、入唐直後の空海に梵語（サンスクリット語）をはじめとする仏教の基礎を教えた般若三蔵が住しており、西明寺に止宿していた空海も出入りしていた寺である。空海帰朝後、般若は霊仙らの協力を得て『心地観経』を訳出した。石山寺本の奥書にあるように、元和五年（八一〇）に翻訳作業が開始され、翌六年（八一一）には進上されたことは疑いない。

『心地観経』の訳出に参加した後の霊仙を語る記録は残されていないが、おそらく第十一代憲宗（在位八〇五～八二〇）の宮中の内供奉《ないぐぶ》で活躍していたと考えられている。内供奉僧とは、宮中の内道場の出入りを許された僧のことであり、『大宋僧史略』によれば、第七代粛宗（在位七五六～七六二）の頃から設けられた。唐代の公式の翻訳の場において、筆受・訳語の任に抜擢されるほどの霊仙であるから、とくに仏教の熱心な信者であった憲宗の寵愛が篤かったことも不思議ではない。その後、霊仙は長安を離れる。史料的にたどり得る霊仙の足跡は、円仁の『入唐求法巡礼行記』に限定される。巻二には、

題に云う。日本国内供奉翻経大徳霊仙、元和十五年九月十五日、この蘭若《らんにゃ》（寺院）に到る云々。院中の僧等、日本国僧の来るを見て奇異を示して壁上の題を以て、故に之を記著す。

とある。

元和十五年（八二〇）、霊仙は五台山に入り、以降、非業の死を遂げるまでかの地にあった。彼が五台山を訪れた目的には、後で詳説するようにいくつかの可能性があり、一つの要因としては同年正月に宮中で憲宗が暗殺された事件が挙げられる。僚友ともいうべき般若三蔵もすでになく、最大の庇護者である憲宗を失

五台山霊境寺

塔院寺の白塔

舎利塔［金銅宝塔／西大寺所蔵］

い、長安を後にしたことも十分に考えられる。

『入唐求法巡礼行記』の記載によると、五台山に移った霊仙は、停点普通院（無料宿泊所）や金閣寺堅固菩薩院、鉄懃寺、七仏教誡寺などを転々としたらしい。この間に、空中に一万の菩薩を観見したり、あるいは自らの手の皮を剥いで、そこに長さ四寸、濶《はば》三寸の仏像を描いて、金銅塔を作って安置したという。このような一見過激にも思える行為は、法相学問僧としての霊仙のイメージを逸脱し、むしろ鬼気迫るものすら感じる。

宝暦元年（八二五、日本の天長二年）には、在唐二十年に及ぶ霊仙の長年の功を称えて嵯峨天皇が下賜した金百両が、渤海の入貢使に託されて届けられた。その謝礼として、舎利一万粒、新訳両部、造勅《ぞうちょく》（公文書）五通を日本へ送ったとされる。『類聚国史』天長三年、藤原緒嗣《ふじわらのおつぐ》*上書に、渤海僧貞素《ていそ》が霊仙の付託物をもたらした記録がある。この上表物中の「舎利」、「新経」の意義が、日中の仏教交流史の上で重要な役割を果たすのである。

これに対して、太和二年（八二八、日本では天長五年）、淳和天皇は再び百金を渤海使の高承祖一行に託した。先の貞素が再度五台山を訪れたときには、すでに霊仙は霊境寺浴室院で毒殺された後であり、埋葬された場所すら分からぬ有様であった。弟子たちによって葬られたと伝えられていることから、霊仙には相当数の弟子がいたのだろう。円仁によれば、渤海僧貞素も霊仙の孫弟子にあたるとしている。貞素は大いに嘆き悲しみ、浴室院の壁上に『哭日本国供奉大徳霊仙和

藤原緒嗣　ふじわらのおつぐ［774〜843］桓武天皇の引き立てで異例の昇進を重ねた。国の利害に関することは必ず奏上するほどの直言居士だった。832年（天長九年）、左大臣に就任。『新撰姓氏録』『日本後紀』の編纂に関与した。

尚詩并序』をしたため、五台山を後にしたと円仁は伝える。
霊仙の没年を正確に断定するのは難しいが、円仁の記録や『類聚国史』、『続日本後紀』などの記述を総合すると、宝暦元年（八二五）から太和二年（八二八）の間に命を落としたものと思われる。毒殺という悲惨な最期を遂げた理由についても諸説がある。憲宗皇帝の寵愛を受けたかつての名声が他僧の嫉視を招いたのか、日本からもたらされた大金が災いを招いたのか、あるいは秘中の秘法といわれる護国の修法・太元《たいげん》帥法《ほう》*を修得したために危険人物と見なされたのか、にわかにその原因を決定し難い。
阿倍仲麻呂や真如法親王《しんにょほうしんのう》*、入宋僧成尋《じょうじん》*など、異境に骨を埋めた逸材は十指に余るが、仏教先進国であった唐で内供奉を授けられた日本僧は他に例がない。もしも霊仙が無事に帰朝していたならば、疑いなく平安仏教の二大巨星・最澄と空海と比肩しうる人物として、歴史に名を刻んだことだろう。

三、調伏の秘法の請来——常暁

入唐八家の一人でありながら、他の七師とは少々異なった日中仏教交流を果たしたのが、のちに山城に法琳寺を建立したことから「法琳寺僧正」と呼ばれた常暁《じょうぎょう》*（？〜八六六）である。承和の遣唐使節に随って入唐した彼は、他の学問僧たちとは違って不本意な待遇を受けたが、逆にそれが作用して思わぬ方向に展開し、結果としてやや異質な仏教にめぐり会うことになるのである。

太元帥法　たいげんほう　太は大とも書く。帥は伝統的に読まない。太元帥明王を本尊として鎮護国家を祈る密教の修法。

真如法親王　しんにょほうしんのう［799〜865?］平安初期の真言宗僧。平城天皇の第三子、高岳親王。嵯峨天皇の皇太子となったが、薬子《くすこ》の乱で廃嫡され出家。空海に密教の教えを受けて阿闍梨となった。宗叡らと唐に渡り、インドへ仏跡巡拝に出て、途中マレー半島付近で消息を絶った。

成尋　じょうじん［1011〜1081］平安時代に宋に渡った天台僧。父は藤原実方の男か。62歳で頼縁らと宋に渡り、雨乞いで実績をあげ、神宗皇帝から善慧大師の称号を与えられた。日本へ多数の経典を送った。

『入唐根本大師記』などの史料によれば、常暁の正確な出自は明確にされていないが、乳児の時に山城小来栖の路傍に捨てられていたという伝承が残されている。後世「小来栖の常暁」と呼称されるようになった後に作られた説話だと思われるが、常暁と不可分の関係にある法琳寺は、小来栖と結び付いている。

成人し仏教の道に入り、興福寺の豊安《ぶあん》に師事して三論を学んだ。弘仁六年（八一九）、東大寺戒壇院で具足戒を受け、正式な僧侶となる。他の南都学僧たちと同様、空海の密教に関心を抱いて灌頂を受けたといわれるが、東密（真言密教）所伝の伝法灌頂血脈の中に、常暁の名は認められない。のちに「太元宗《たいげんしゅう》」という新興の宗派の開祖とされたために意図的に空海の法流から名が抹消された可能性もあるが、天長六年（八二九）に興福寺の御斎会《ごさいえ》の導師を勤めた記録があることから、正規の軸足はあくまで南都宗、とくに三論に置いていたものと考えられる。

同じく承和の遣唐使節とともに渡唐した円仁の『入唐求法巡礼行記』には、常暁は三論宗留学僧として勅許されたと記されているため、入唐の目的と使命は、三論の修学と請来にあったようである。しかし、空海から金剛界・胎蔵の両部灌頂を必ずしも受けていなかったとしても、密教の片鱗は知悉していたのだろう。その後の中国での行動から推して考えれば、新しい密教への期待もあったことは疑いない。承和三年（八三六）に初発した遣唐使節は、結果として最後の遣唐使節となった。受難続きの使節団であり、同年と翌年七月の再発も難破等でうまく運ばず、副使の小野篁《おののたかむら》は病と称して辞退してしまった。延暦の遣唐使節の大使であった藤原葛野麻呂の子・藤原常嗣《ふじわらのつねつぐ》を大使とする再々発の船団がようやく無事に中国の港に到着した時には、二年後の承和五年（八三八）となっていた。

このために、学問僧の人選にも幾度かの組み替えがあった。日本国内で船団が遭難して、難波津まで引き返してきた場合は、関係した水夫や留学生等は縁起が悪いと「忌避」され、下船させられることも少なくなかった。運良くこの最後の便に乗り合わせた顔触れに、天台宗請益僧の円仁、同じく天台宗留学僧の円載、真言宗請益僧の円行らの姿があった。運命のいたずらか、揚州上陸後の四名の学問僧たちの運命も、大きく分岐することになるのである。

常暁の『請来目録』から、その足取りを辿ってみよう。承和五年（八三八）八月、越州の准南城《わいなんじょう》に到着して長安への入京許可を仰いだところ、しばらく待たされた挙げ句の返答は、天台留学僧の円載と真言請益僧の円行にしか許可が下りなかった。円行の場合は、空海の後継者・実恵《じちえ》*（七八六～八四七）からの書状を長安・青龍寺に届けるという大命があったが、なぜ年長で僧位も高い円仁を差し置いて、年少の円載に入京許可の勅令が下されたのかは定かでない。

常暁は留学僧として日本を発ちながら、長安入京も唐での修学の道も絶たれてしまった。残された仏教勉学の方法は、遣唐大使一行が長安へ往還する間、揚州とその近辺で可能な限りの唐代仏教の成果を収集することだけであった。常暁の入唐には、三論宗と密教の修学という二つの目的があったが、『請来目録』には両者の双修を興味深く表現している。

実恵　じつえ・じちえ［786～847］平安初期の真言宗僧。讃岐の出。空海に師事し、高野山開創に尽力。東寺の初代長者で、後桃園天皇に道興大師の名を贈られた。［白描先徳図像（重文）／東京国立博物館所蔵］

夜は師辺（師の傍）に就いて瑜伽（密教）を受学し、昼は諸寺を周って法門（三論）を覓問《べきもん》す。

昼夜を対句とするのは、一種のレトリックである。日本ですでに顕教（大乗仏教）としての三論宗を修め、しかも両部密教の正伝ではないものの、密教の一部を学んでいた常暁にとっては、限られた行動範囲と時間の中であっても、両者の修学にエネルギーを傾注するのは、むしろ当然であった。三論宗は花林寺《かりんじ》の元照《げんしょう》に、密教は栖霊寺《さいれいじ》の文璨《ぶんさい》について学んでいる。常暁がめぐり会った異質な仏教に直結するのが文璨であるため、とくにその経歴・思想に興味をそそられるが、残念ながら中国仏教、もしくは密教の史料の中に、現在のところはその名を見出すことはできない。

文璨から受けた密教について、『請来目録』では「金剛大法」と「太元帥秘法」（伝統的に「帥」の字は読まない）の二種としており、前者が『金剛頂経』を修法化した「金剛界法」であることは明白である。中唐末に恵果和尚から空海へ伝えられた両部密教の一方、すなわち「胎蔵法」に関して、常暁は言及しない。文璨から授かった「金剛大法」も、日本の「金剛界法」と大差なかったと考えたい。

さて、中国沿岸部の揚州地方という限られた土地でわずか一年間しか時間のなかった常暁が、日中の仏教交流の上で果たした最大の役割は、太元帥明王という

太元帥明王（「曼荼羅集下」のうち太元帥大悲身像）［ＭＯＡ美術館所蔵］

廣野鬼神（夜叉系尊格）

特異なほとけとその修法を請来したことにある。仏教図像学・仏教尊格史の上では「明王」、つまり「悪しきものを倒す呪力の王」の範疇に含まれるものの、不動明王や降三世《ごうざんぜ》明王などのような正統的な明王というよりも、むしろ経典・儀軌に「廣野《こうや》鬼神《きじん》」と呼ばれる古代インドの薬叉・夜叉*信仰に起源を持ち、より恐ろしい鬼神的な威力を持ったほとけである。

常暁は『請来目録』で、「国家の大造（大綱）、大師（釈迦）の慈悲」にあたる特別の秘法であると評価し、その秘法を行うには、次のような高僧・高官だけに限られると述べる。

　この太元帥は、都内（みやこ）では十供奉（宮中の出入りが許された十名の祈祷僧）、諸州（地方）では節度使（長官）の宅を出ることなし。

うがった見方をすれば、長安に到れなかった多少の負け惜しみもあるかもしれないが、実際には最澄が越州（現在の紹興市）で密教受法を果たしたのと同様、仏教文化が全土にまで拡大していた唐朝では、地方の港町といえども、都から地方へ展開した各種の仏教・密教が積極的に行われていたのである。結局、越州を出ることができなかった常暁であったが、「珍しい」ほとけの修法のためのテキストと修法の装置である曼荼羅や仏像を入手し、承和六年（八三九）無事に遣唐大使の戻り船に便乗することができた。

夜叉　やしゃ　インドの神話の中では、人を害する乱暴な悪鬼だが、仏教に採り入れられて、毘沙門天の眷属とされ、仏法を守護する鬼神となった。

文徳天皇　もんとくてんのう［827〜858］仁明天皇の第一皇子で、藤原冬嗣の娘順子が母。天皇には惟喬親王など四人の皇子がいた。天皇は在原業平とも親交があり、才能溢れた惟喬親王を愛し皇太子にしようとしたが、当代きっての実力者・藤原良房は自分の娘が生んだ惟仁親王を推し、立太子を強行した。空海の高弟として知られる真済《しんぜい》が惟喬親王の擁護に回ったといわれる。生来病弱だった文徳帝は32歳の若さで病死した。

常暁が中国の一沿岸地方から伝えた太元帥法は、強力な護国の修法が求められていた時代の要請に合致することとなった。仁寿元年（八五一）、時の文徳天皇*より宮中真言院の後七日御修法《ごしちにちみしほ》に準じて、宇治の法琳寺を永く修法院（道場）とすることを許された。以降、後七日御修法と太元帥法は、宮中での正月神事（一月一日〜七日）に続いて、仏事として八日から一週間、同時に場所を変えて執行されることとなる。太元帥法は近世のある時期で廃絶したが、空海が長安で得た仁王法と常暁が揚州で得た太元帥法が、ともに古代後期から中世の日本を護ってきたことは、一般にはあまり知られていない。とりわけ太元帥法は、正月の定例の御修法のほかに、国家的災難や争乱の際に、朝廷からの依頼で臨時に修法された。記録に残る有名な例では、平安中期の承平《じょうへい》（天慶《てんぎょう》）の乱*（平将門《たいらのまさかど》の乱と藤原純友《ふじわらのすみとも》の乱の総称）、鎌倉時代の元寇*（蒙古襲来）などがある。

在唐活動において不遇であった常暁にとっては、その持ち帰った特異な尊格と修法は歴史の上に名を留めることとなったのであった。

四、一芸に秀でた成果——円行・恵運

1・日本真言を代表する使者・円行

平安時代中頃には、真言・天台両宗の名だたる入唐僧としてすでにその功績・業績を認められながらも、入唐八家の代表格である最澄と空海の影に隠れてしま

承平（天慶）の乱　935年（承平五年）、平将門（?〜940）は一族間の争いに巻き込まれ、叔父の一族の攻撃を受けるがこれを打ち負かした。しかし、滅ぼされた一族の一人が朝廷に訴えたことで、将門は召還された。運良く恩赦に浴したが、その後も国司や郡司の座を巡る争いに関係し、将門は朝廷に訴えられる。939年（天慶二年）、常陸国国司との争いで土豪・藤原玄明が頼ってきたのを機に、将門は国府を襲撃、官物を奪った。この時点で国家反逆だが、さらに下野、上野、武蔵、相模の諸国を配下に治め、坂東八カ国の独立を宣言した。しかし、翌年官軍に攻め滅ぼされた。平将門は悪逆無道な人物という見方の反面、国家の苛政に対して勇敢に反抗した侠気に富む行動の英雄という評価をする人々もいる。

う形で、存在と業績が目立たない僧たちがいる。真言・天台両宗祖に次ぐ知名度では、その請来した経論・仏像・曼荼羅の質と量が突出していた天台僧の円仁と円珍が続くが、ともに真言僧である円行《えんぎょう》（七九九～八五二）と恵運《えうん》（七九八～八六九）の名は逆にあまり広く知られていないきらいがある。入唐の経緯についても、円行は承和の遣唐使節に参加している。すなわち、円仁・円載・常暁らとともに唐に渡ったのであるが、同行僧たちの波乱に満ちた生涯に隠れて、多少影の薄い感は否めない。

円行と恵運はまさに同世代の人物で、のちに京都・山科の地に安祥寺《あんじょうじ》を開いた恵運の方が、同じく山科に霊巌寺を開いた円行よりも、わずか一歳年長である。どちらも宗祖・空海から密教の教えを受けることはあったものの、実際に真言密教の両部灌頂を受けたのはいずれも空海の直弟子からであり、そのような意味でも両者は空海の孫弟子という立場で共通している。

まず、円行は、『入唐五家伝』や『弘法大師弟子譜』などの記述によれば、京師（京都）左京の出身とされる。当初は元興寺の歳栄《ぞうえい》のもとで華厳宗の教えを受学したが、弘仁十四年（八二三）、二十五歳のときに空海の名声を聞いてその門を叩き、金胎両部の大法を学んだ。空海の門下としての円行の名を最初に確認できるのは、天長元年（八二四）に空海が高雄神護寺に定額僧《じょうがくそう》（寺院に一定数置かれ、朝廷から供料を受ける僧）二十口を置いたときの被選者の中である。

ただし、円行が金胎両部の伝法灌頂を実際に受法したのは、空海没後だとされ

元寇 げんこう　蒙古のフビライは、朝鮮半島の高麗が自国の支配下にあるとし、日本に対して服属を求める国書を送ってきた。時の幕府執権・北条時宗は、これを拒絶。これに対しフビライは、南宋をほぼ制圧すると1274年（文永十一年）、元と高麗連合軍を編成、対馬・壱岐を急襲、次いで博多湾西部に上陸、日本側と激しい戦闘になった。しかし、連合軍は一時撤退の際に大風に見舞われ、遠征は失敗に終わった。1281年（弘安四年）、元軍は再度襲来したが、日本軍の激しい反撃と台風に直撃され、再度空しく引き揚げた。

→p.111

る。そのため、元慶二年（八七八）、空海の異母弟である真雅が奏上した「伝法阿闍梨の師資の付法次第を言上する事」では、

伝灯大法師位杲隣《ごうりん》
付法弟子二人
伝灯大法師位円行
十禅師伝灯法師位真隆

とあるように、空海の十大弟子の一人であり、のちに伊豆の修禅寺の開基となる杲隣（七六七〜八三七）の付法の弟子とされている。

こうした円行の個人的背景を見る限り、命懸けの苦難が待ち構える渡唐に敢えて挑む必然性は少ないはずである。ところが、空海の後継者というべき東寺の実恵（七八六〜八四七）は、今次の遣唐使節に同行する真言請益僧として、円行の名を朝廷に奏上した。

真言僧派遣の表向きの理由として、宗祖空海が帰朝して以来、その後の新しい密教経軌や仏像、曼荼羅等の請来がないことがあげられる。しかし、実恵の本音の日論見としては、真言一宗を代表して、空海の入定（逝去）と日本国の真言密教の盛運を青龍寺恵果の弟子たちに伝え、かねて恵果の霊前に捧げる諸法物（供《く》物《もつ》）と青龍寺の伝法阿闍梨たちへの諸信物《しんもつ》（土産）をもたらすことにあった。こ

の点は、実恵等の書いた「円行入唐に托して青龍寺の同朋僧に寄せる書」からも明白である。

なお、承和の遣唐使船が最初の出発で無事に進発していれば、この役目は空海の直弟子で、師の文章を集めた『遍照発揮性霊集』の撰者である真済《しんぜい》*（八〇〇〜八六〇）と、空海の甥・真然《しんぜん》*（八〇四〜八九一）の任であったが、二度の難破に遭ったために「忌避」されて、船を下りることとなった。そこで、代役として円行が選ばれ、唐へ発ったと考えられる。

円行は、承和五年（八三八）の三度目の出航に便乗し、真言請益僧として承和六年閏正月十三日に無事長安の青龍寺に入った。そこで二十日間あまり滞在して大役を果たした後、恵果同門の弟子・義操和尚から主に胎蔵法の灌頂を受けた。青龍寺の恵果の霊位や僧たちに捧げた供物・信物等に対する返礼として、恵果の遺物や仏舎利*を託されて、日本に持ち帰っている。

以上の行動のみを見るならば、確かに円行は日本真言宗からの代理大使としての役割に終始しているように思える。しかしながら、私は円行の『請来目録』とも言うべき『霊巌寺和尚請来法門道具等目録』に見られる「仏舎利三千余粒」とその内容を語る次の表現に注目したい。

仏舎利三千餘粒

百粒　　　青龍寺伝教大徳義真阿闍梨付授

真済　しんぜい［800〜860］平安前期の真言僧。出身は紀氏。空海に師事して密教を学び、のちに高雄の神護寺を任される。空海生前中より師の詩文等を集めた『遍照発揮性霊集』を編纂。仁明・文徳天皇の帰依を受け、856年（斉衡三年）真言宗初の僧正位を得た。

真然　しんぜん［804〜891］平安前期の真言僧。佐伯氏の出身で、空海の甥。空海に師事し、大安寺に住んだが、のちに空海の遺誡で高野山金剛峰寺を付嘱され、諸堂伽藍の整備に尽力した。

仏舎利　釈尊や仏弟子の遺骨をいう。今日、仏舎利として崇拝されている白色、または飴色の小粒状のものは、実際には釈尊の遺骨そのものではなく、それを象徴するもの（玉石）などもある。俗に米粒のことをシャリというのは、この白色の小粒状のものに似ているからとされる。

二百粒　　　　　中天竺三蔵難陀付授
二千七百余粒　　霊仙大徳弟子付授

こうした仏舎利の請来は、空海が持ち帰った八十粒をはじめとして幾人かの入唐僧が収集して請来しているが、数量としては、やはり円行請来の「三千余粒」が群を抜いている。しかし、人間ひとり分の骨（舎利）が斯様に多く分けられて、それらが入唐僧たちの手を経て、日本に入ったということなのだろうか。

仏舎利は、仏教の開祖である釈迦が入滅した頃には、文字どおり、火葬して得られる遺骨であった。それを収めた仏塔が、墓の意味を持っていたことも明らかである。そののち、歴史上の仏陀釈尊の存在だけではなく、普遍的に仏教の真理（法身舎利）を表すものとして仏舎利がクローズアップされ、それを容納する仏塔に対する信仰があらゆる仏教文化圏に広がった。その結果、真骨を尊ぶのと同様に、その代用としての滑石や玉石が各地方で用いられるようになる。仏教を社会制度の面から見ると、それらが一種の聖なるシンボルとして、仏堂や仏塔を建立する場合の中心要素となる。日本では、仏塔覆鉢部、もしくは基壇部に納められている。

舎利と仏塔の信仰が結び付いたインドでは、紀元前三世紀の有徳の王者アショーカ王が八万四千の仏塔を建てたという伝承が生じ、広くアジア全域に広まった。入唐八家の多くが競って仏舎利を収集したのも、それらを核として仏教寺院と仏塔の新設・増設を図ったものと思われる。

円行が結果的に多数の仏舎利を持ち帰った背景には、最初から彼自身の意図があったのか、あるいは義真や霊仙などの仏舎利信仰者の遺髪を継いだに過ぎないのか、にわかには決定しがたいが、未曽有の数の仏舎利を請来した円行の事績を看過することはできない。なお、持ち帰った三千粒の大部分の所有者であった霊仙については、五台山で毒殺された悲運の名僧・霊仙の節で紹介している。

2・初の私的渡航と請来した特有のほとけ・恵運

帰朝後に大いに名声を得て、嘉祥元年（八四二）、時の皇太后・藤原順子《ふじわらのじゅんし》*の命によって、山科に安祥寺を開いたことから「安祥寺僧都」と呼ばれた恵運（七九八～八六九）は、それまでの入唐八家とは一線を画している。朝廷や宗団の意志を反映せず、個人の判断で公的な手段、すなわち遣唐使節に随行する形式をとらずに、当時世界でも最先端であった唐文化を求めて私的に入唐した、入唐八家の中でも最初の僧である。

『弘法大師弟子譜』などの史料によれば、恵運は京都・山科の生まれで、俗姓は安曇《あずみ》氏。十歳で仏道を志し、南都・東大寺の泰基《たいき》、薬師寺の中継《ちゅうけい》に大乗経典と唯識の教えを学んだ。弘仁六年（八一五）東大寺で得度し、次いで戒壇院で具足戒を受けた。こうした経歴を見ると、法相宗の学僧として出発したと考えてよい。

ところが、かつて南都の諸寺で空海の後継弟子・実恵とともに学んだ縁もあっ

藤原順子　ふじわらのじゅんし［809～871］平安前期、仁明天皇の女御。藤原冬嗣の娘。文徳天皇の母。854年（斉衡元年）、皇太后になり、文徳天皇が崩じたあとは仏教に帰依、東大寺戒壇諸僧から大乗戒を受けた。

て、その勧めに応じ、天長元年（八二四）に真言の門に入って、承和十年（八四三）、東寺において両部の大法を受けたと『東寺長者補任《とうじちょうじゃぶにん》』に記されている。もっとも、この「承和十年授法説」には、後述するように恵運入唐の時期を勘案すると異論がある。事実上、真言宗第二祖となった空海の弟である真雅が撰した「本朝の真言宗伝法阿闍梨の師資付法の次第を言上する事」によれば、恵運は京都・禅林寺を開いた真紹《しんしょう》*（七九七〜八七三）とともに、実恵から伝法灌頂を受けたとされている。いずれにせよ、先に取り上げた円行と同じく、宗祖空海からいえば孫弟子にあたる存在である。

天長年間、真言宗布教の第一線で活躍し、東国（関東）へ赴いて一切経を書写したが、天長十年（八三三）には鎮西府観世音寺講師、兼筑前国国師に任ぜられ、九州の僧尼を統率する僧統となった。その時に、たまたま渡来していた唐の商人・李処人《りしょじん》に出会い、中国の仏教、とくに密教の現状を耳にした。なかんずく、晩唐期の密教を背負って立つ青龍寺の義真《ぎしん》*に中国密教の秘要を質問しようと心動かされ、帰唐する李処人にその希望を伝えたところ快諾を得たため、その船に便乗して承和九年（八四二）八月に渡唐した。すなわち、入唐学問僧の申請と許可の手順を経て、遣唐使節に参加して唐へ渡るのではなく、あくまで新しい密教を希求する自らの心にしたがって、自ら手段を選び取って渡航したのである。それが可能となったのは、恵運が九州方面の僧官の最高責任者であったという行政的立場と、大宰府・博多にあって、大陸への船の出入りの状況を詳しく知ること

真紹　しんしょう［797〜873］平安前期の真言僧。空海の孫弟子。東寺の実恵から伝法灌頂を受け、禅林寺（のちの永観堂）を造営。門下に清和上皇と宗叡がいる。

義真　ぎしん［781〜833］平安前期の天台僧。相模の人。比叡山で最澄に師事。入唐に際しては通訳として従った。最澄没後は、延暦寺の建設に尽力。最澄没後は、延暦寺第一世座主になった。

のできる地の利という好条件が揃っていたためと考えられる。
入唐八家の資料や請来品の総目録ともいうべき安然僧正撰の『八家秘録』によれば、

義真に真言義味、ならびに伝法灌頂を学ぶ

とあるように、恵果の弟子にして空海の兄弟弟子である青龍寺の義真から、当初の目的である中国密教の教えを受けた可能性はある。詳細は天台宗の円仁・円珍を紹介する章に譲るが、最澄・空海以降の日本密教では、密教の教えについて細かな疑問点が生じても、それを質問して批正できる密教僧は残念ながら育っていなかった。そこで、質問をしたためた手紙や小冊子を作って入唐僧に託し、長安の密教寺院の高僧に問い質すという「唐決《とうけつ》」が次第に増えてくる。その分野で最も成果を上げたのは、恵運の後にやはり唐の商船で入唐した円珍である。

好機に乗じて入唐した恵運であったが、中国で大問題に遭遇する。入唐した承和九年は、中国では会昌二年にあたる。長安では、時の武宗皇帝が道教に熱中するあまり、仏教やゾロアスター教、景教（ネストリウス派キリスト教）など外国を起源とする他宗教を攻撃した宗教弾圧が始まり、同年には、私度僧や年少僧の追放令が出されている。仏教側からは、「会昌の法難」と呼ばれる受難の時期である。日本からの入唐僧の中で大変な苦労を強いられたのは、別章で取り上げた円仁と円載であり、とりわけ円仁の『入唐求法巡礼行記』には、足かけ五年にわたるその惨状が克明に記録されている。

会昌二年（八四二）三月八日、この日までに長安に入京し、都の寺院に滞留している外国僧の長安からの自由退去は認めない旨の勅が出た。さらに同年十月九日には、僧尼の強制還俗が始まる。ところが、『入唐五家伝*』などの記録によると恵運の入唐は、外国人僧の行動を制限する勅令のあとの八月であるため、実際に恵運が宗教弾圧下の長安に入京できたかを危惧する意見もある。また、円仁の『入唐求法巡礼行記』をはじめとして、中国側の史料を含めても、会昌の法難の最中に長安城内に拘束された外国人僧の名前の中に、恵運の名を見出すことはできない。

それゆえ、恵運の六年にわたる滞在期間の中で、五台山や天台山を巡礼したのは、むしろ長安逗留の短さの反作用とも考えられる。入唐僧、次代の入宋僧たちの中でも、五台山と天台山という中国仏教二大聖地を参詣した日本僧は意外と少なく、恵運と波乱の十年の在唐を果たした円仁、そして老僧の成尋など数えるほどしかいない。

長安滞在の可能性とその期間に関する検討は置いておいても、遣唐使節に随った国家政策的な仏教交流ではなく、新資料の収集や疑問点の解明という個人的意志に基づいた入唐を果たした恵運には、『恵運禅師将来目録』と『恵運律師書目録』という二種の請来目録が伝えられている。そのうち、前者には百十巻の真言

『入唐五家伝』 撰者不詳。平安時代の入唐僧のうち、恵運、宗叡、常暁、真如親王、円行の伝記を集成する。

経儀軌類が、後者には二百二十二巻の請来経軌の書目が掲げられている。とくに後者の目録には、七十六巻もの「新来の経軌」が新たに収録されており、最澄・空海の在唐後も中国密教に様々な展開があったことを示している。

　請来文献を記録する恵運の二種の請来目録には言及されないが、京都・東寺の塔頭である観智院に現在も伝わる五大虚空蔵菩薩像もまた、古来恵運の請来であると考えられている。金剛界の五智如来がそれぞれ変化したとされる法界虚空蔵をはじめとする各像は、いずれも蓮台を含めて広葉樹系の一材から頭体幹部の大略を彫りだしており、別製の鳥獣座（獅子・象・馬・孔雀・金翅鳥《こんじちょう》）に乗っている。空海が入唐以前から関心を寄せていた虚空蔵菩薩《こくうぞうぼさつ》*（求聞持法の本尊）を金剛界曼荼羅化した五大虚空蔵菩薩は、弘仁十二年（八二一）、空海が藤原冬《ふじわらのふゆ》嗣《つぐ》*からの資金援助を仰いで絵画に表した記録が残っている。

　晩唐期特有の、面長で平板さの際立つ特異な顔立ちは、伝承のとおりに中国からの舶載を物語っているが、現在の中国には同種の造像の遺存は確認されていない。請来当時は、山科の安祥寺（上寺、もしくは下寺）に安置されていたものと伝えられるが、堂が倒壊したため、関連の深い東寺に移され、後宇多天皇*の復興によって創設された観智院に、南北朝時代末頃に安置されたといわれている。

　恵運は、円仁・円珍・宗叡ほどには固有のほとけの信仰や美術、その図像をもたらしたわけではない。しかし、平安時代末期に編纂された『図像抄』や『別尊雑記』などのいわゆる図像資料集には、「恵運請来の阿弥陀曼荼羅」という特有

虚空蔵菩薩　こくうぞうぼさつ
虚空のように広大無辺の智恵と功徳を持ち、これを衆生に施す菩薩とされる。智徳を表す剣と、福徳を表す蓮華を持つ。

藤原冬嗣　ふじわらのふゆつぐ
［775〜826］平安初期の公卿。嵯峨天皇の信任厚く、薬子の変を機に設けられた蔵人頭に初めて就任。その後、中納言、大納言、右大臣と昇進。825年（天長二年）、桓武帝以来40年もの間空席だった左大臣に就任。娘や息子を朝廷に縁づかせ、朝廷との関係を深め、藤原北家隆盛の基礎を固めた。興福寺に南円堂を建立、学問奨励のため、勧学院を開設した。

の図像も伝えられている。

常暁の場合とは異なり、私的に活動した恵運であったが、中国仏教受難の時期に遭遇して、行動が制限されたというハンディはあるにせよ、新しい仏教尊格の信仰とその美術資料を持ち帰ろうとした恵運の努力の跡を偲ぶことができる。

五、悲運の僧——円載

1・苦難に満ちた入唐

入唐僧にとって、最初の難関は無事に中国へ上陸することであり、次には、無事に長安に入ることであった。晴れて入京が許されて、あるいは新たな仏教の請来のため、あるいは教学上の疑問を晴らすため、あるいは宗派に託された大役を果たした後に待つ難関は、唐で大いに得た最新の情報・知識を無事に日本へ持ち帰ることである。中国国内で毒殺されて帰朝することが叶わなかった霊仙についてはこの章でも取り上げたが、時の皇帝から紫衣を下賜される栄に浴したにも関わらず、帰途の船が難破して、海の藻屑と消えた悲運の学問僧がいた。天台僧・円載（?〜八七七）である。同じく天台僧の円仁・円珍と深く関連しており、とくに円珍の残した資料からは、厳しい目が向けられていることがつとに知られる。その波乱に満ちた生涯を藤善真澄氏の研究によりながら復元してみよう。

円載は、大和国に生まれた。幼い頃に日本天台の開祖・最澄に師事して仏典を

後宇多天皇　ごうだてんのう［1267〜1324］亀山天皇の第二皇子。8歳の時に即位したが、この年は元が襲来した文永十一年だった。このためもあって、亀山上皇の院政がしばらく続いた。元寇に際し、軍備増強を急ぐ幕府に対し、朝廷や寺社は神国思想を醸成し、幕府に対する抵抗を示した。こうした中で後宇多天皇は、1287年（弘安十年）幕府の意向に従って譲位したが、後二条、後醍醐両朝で11年もの間、院政を敷いた。しかし後宇多上皇は1321年（元亨元年）、幕府に働きかけて2世紀も続いてきた院政を停止、後醍醐天皇の親政を実現した。

学んだということ以外、詳しいことはほとんど分からない。おそらく、最澄最晩年の弟子の一人だったと考えられている。

まだ発足当初の日本天台宗では、教学上深刻な問題が生じていた。最澄が理想とした円密一致《えんみついっち》の教学体系の整備と実践である。「円」とは顕教、すなわち従来の大乗仏教であり、「密」とは新来の密教である。しかし当時、天台宗で行われていた密教の行は、空海が確立した真言密教と比べると未熟で伝法も充分なものでなかった。円密一致の実現という天台宗団の悲願を叶えるため、唐での最新の教学を修得することを期待された請益僧、留学僧として白羽の矢が立ったのが、すでに横川の首楞厳院《しゅりょうごんいん》の住持を務める円仁と、まだ三十歳前後であった円載であった。彼らがこの大役に任じられた承和二年（八三五）は、奇しくも空海入定の年である。

彼らが随ったのは、実質的に最後の遣唐使となった承和の遣唐使節である。遣唐大使に藤原常嗣《ふじわらのつねつぐ》*が任じられ、以下総勢六百余名の大使節団が編成された。その中には、天台宗請益僧として円仁、法相宗請益僧として薬師寺の戒明《かいみょう》（七九二〜八四九）と従持僧の義澄《ぎちょう》、真言宗請益僧の真済（八〇〇〜八六〇）と留学僧の真然（？〜八九一）、三論宗留学僧の常暁（？〜八六六）も含まれていた。承和三年（八三六）に発った一行は、九州を出帆後早々に遭難して第三船を失い、百数十名の犠牲者を出した。第三船には、真言宗の真済と真然が乗船していたが、九死に一生を得ている。さらに再出発した二度目の出航も失敗し、三度目の出航

藤原常嗣　ふじわらのつねつぐ［796〜840］平安前期の公卿。834年（承和元年）遣唐大使に任じられた。父（藤原葛野麻呂）子二代の大使任命は異例のことだった。渡航にあたり乗船が破損したために、副使・小野篁の第2船を要求したが、篁の拒否にあったことは有名だ。渡航は悲惨を極め、同行した円仁の『入唐求法巡礼行記』によれば、遭難しかけた時には大使以下みな裸になり褌で身体を括って船中を逃げ回ったといい、常嗣は中国に着くなり、脆弱な日本船を破棄し、帰国用に新羅船を購入している。これがわが国最後の遣唐使船となった。

に際しては、副使の小野篁《おののたかむら》*が乗船を拒否するという不祥事を起こすなどの不運が続いた末、ようやく承和五年（八三八）六月十六日に博多の娜津《なのつ》から進発した。

初回に遭難したために忌避された真済と真然に代わって、請益僧・円行《えんぎょう》を新たに加えた一行は、沈没した第三船を除く三隻立ての船団で唐を目指した。海難を避けるために、藤原常嗣は仏画師に観音菩薩像を描かせ、また大使の第一船に乗っていた円仁と円載も読経に勤めたが、それでも遭難の危機にさらされ続け、座礁した末に七月二日、揚州海陵県（現・江蘇省南通県）付近に上陸する。苦難の旅は、運河を航行する船に乗って二十日あまり、揚州府に到着するまで続いた。

到着後、唐での修学に期待を募らせる円仁と円載に、ここで非情な運命が分け与えられる。遣唐大使を通じて、揚州節度使・李徳裕《りとくゆう》に宛てて、請益僧の円仁は「師を尋ねて疑わしきを決する」ために、留学僧の円載は「師に随って学問する」ために、天台山国清寺《こくせいじ》への求法の旅を申請した。李徳裕は有能な官吏として歴史に名をとどめているが、管轄外への外国人の旅行許可を出せるはずもなく、皇帝の判断を仰ぐために両者は留め置かれた。十月五日、大使以下、真言請益僧・円行を含む四十三名が入京を許される。円仁・円載に知らせが届いたのは、翌年の二月八日。円載には、五年間の生活費が保証された天台山留学を認め、円仁の天台山入りは許可しないという、明暗が分かれたものであった。

小野篁　おののたかむら［802〜853］平安前期の公卿、文人。『凌雲集』の選者、岑守の子。嵯峨天皇が武芸好きの篁を見て、父に似ぬ子と慨嘆したと聞き、発憤して学問をするようになったといわれる。遣唐副使になったとき、藤原常嗣から船を求められて憤慨、病気を装って乗船を拒否したため、隠岐に流された。2年後許されて復帰してからは、参議を務めた。博識多才で、漢詩は白楽天、書は王羲之に匹敵すると謳われた。『和漢朗詠集』『古今集』に作品を残す。

2・天台山への留学

留学が許可された円載にとっては、虚しく帰国準備を整えて、大使一行と落ち合う楚州まで戻って来た矢先の朗報であった。藤原常嗣からは東絁《あずまぎぬ》三十五疋、帖綿十畳、長綿六十五屯、砂金二十五両が贈られ、帰国を余儀なくされた円仁からは、日本天台宗の抱える教学的問題であり、入唐の目的であった『寺家未決《じけみけつ》』三十条が託された。このような大量の金品と重大な使命が、かえって円載の不幸を招いたとも考えられる。なお、以降の円仁の行動は別章で詳しく取り上げるが、望みを断ち切れない円仁は、山東省で帰朝する遣唐使節一行から脱走して、五台山に入ることとなる。

日中仏教交流に多大にして特異な役割を果たしたものに、「唐決」あるいは「未決」と呼ばれる書がある。その名の通り、日本僧が未解決である問題を列挙したものを入唐僧に託し、中国の高僧に答えを仰ぐための質問書である。円載に託された「未決」は、日本天台の第二祖にして、当時の天台座主である円澄がまとめたものであり、『日本国三十問謹案直答《きんあんじきとう》』や『釈義《しゃくぎ》問答三十箇条』と称される、まさに日本天台の悲願がつまったものであった。これらの疑問は、円載の働きによって、天台山禅林寺の広修《こうしゅう》や維蠲《いけん》から無事解答を得て、広修決答である『円唐決』と維蠲決答である『澄唐決』の二種として、現在まで伝わっている。

待望の天台山に到った円載は、早速大役を果たすことに専念する。その消息を伝えるものに、開成五年（八四〇）六月に、天台山国清寺座主の維蠲が台州刺史（長官）に宛てた書状がある。

去年、僧円載、本国の命を奉って、太后（嵯峨帝の皇后、檀林皇后）の納《のう》袈裟《げさ》を送り、大師（天台大師智顗《ちぎ》）の影に供養し、聖徳太子の法華経の疏、天台の蔵に鎮《やす》んじ、衆の疑義五十科を齎《もたら》らして来り問い、欠ける所の経論を妙写せり。

円澄から託された三十条と義真からの質問二十条の併せて五十条の疑問を晴れて解決した円載は、他にも任を担っていた。円澄が檀林皇后・橘嘉智子《たちばなのかちこ》＊に勧めて施入させた数百枚の袈裟を国清寺に納め、おそらくは淳和上皇から託されたのであろうか、日本に伝来した『法華経』に対して聖徳太子が撰した『法華義疏』を再輸入する形で天台山の経蔵に納めている。このように、国家事業である遣唐使節に随った入唐僧たちは、皇室や貴族からの供養物を託されることは珍しくなかった。

3・金銭着服疑惑と広まった悪評

開成五年（八四〇）の時点で、円載は帰国を決心していたようである。先掲の維蠲の書状に応えて、台州刺史・滕邁《とうまい》が発行した公憑《こうひょう》（渡航許可証）が残って

橘嘉智子　たちばなのかちこ［786〜850］平安時代、嵯峨天皇皇后。檀林皇后、淳和皇后ともいう。仁明天皇の母。人となりは穏和で寛容だったが、容貌は人と違い、手は膝の下まで伸び、伸ばした髪が地に届き、見る人を驚かせたという。篤く仏教を信仰し、檀林寺を建立、比丘尼持律者の住寺とした。

おり、そこに「遊巡既に周ねく、巾錫将《きんしゃくまさ》に返らんとす」とあることからも、近々に帰国する予定であったことがうかがえる。しかし、実際に円載は帰朝しなかった。延期した理由として、五台山巡礼から戻った天台僧・巨堅《きょけん》に託された円仁の消息を受け取り、円仁がさらに長安を目指そうとしていることを知ったためではなかろうか。天台山禅林寺の高僧・広修や維蠲から、日本天台宗が熱望したはずの疑問点に対する回答を受けたものの、円密一致の体系を確立するために必要であった密教に対する疑問について、満足する答えが得られていなかった。かねてより円載は、留学の目的を

台州国清寺に往《ゆ》くを請うは、師に随って学問するなり。若し彼の州に全く人と法と無ければ、或いは上都（長安）に法を覓《もと》め、諸州を経過して訪い覓めん。

と奏上していた。だが、これが円載の人生の歯車を狂わせる原因となった。会昌元年（八四一）の暮れ、円載は長安の資聖寺に留まる円仁の許へ、弟子の仁済を遣わした。世は、文宗崩御のあとに武宗が即位し、元号も会昌と改まった。託した手紙には、遣唐大使・藤原常嗣の死去や戻り便の遭難の報などを記すとともに、高麗商人・陶中の船に便乗して入唐した玄済阿闍梨が日本から預かってきた書状と金二十四小両を、楚州の通訳劉慎言《りゅうしんげん》の家に保管してある旨を伝えた。円載はたびたび日本からの情報を得ており、劉慎言を通じて留学費用が送られて

きた際に、円仁の消息が問い合わされていたために、仁済を向かわせたのであろう。円仁の弟子・惟正が楚州まで受け取りに赴いたところ、すでに劉慎言が金を全て使い果たした後で、書簡も金目のものを探したように開封されていた。それも円載の指示で、送られてきた金を使ったという。これは、後代に悪し様に書かれるように円載が着服したのではなく、『五百問論』の識語にあるとおり、弟子の仁好と順昌に「唐決」や日本未請来の経論を持たせて帰国させるにあたって、不測の出費に充当させたと見るべきであろうか。当時の劉慎言は、入唐僧の帰国一切を手配していたからである。

会昌三年（八四四）九月、高麗船に乗った弟子たちは、十二月九日無事に長門国へ帰着した。そして翌年七月に再度入唐するにあたって、朝廷は円仁・円載それぞれに黄金二百小両を与えている。

在唐の天台請益僧円仁、留学僧円載など、久しく絶域に遊《まな》び、応《かなら》ず旅費に乏しからん。宜しく円載の　従僧仁好の還次《かんじ》（引き返すこと）に附《たく》し、各《おのおの》黄金二百小両を賜うべし。

時期的には、唐朝からの生活費支給期限に近付いたため、「衣糧は罄尽《つき》るに縁《よ》り」と朝廷に支援を願う書状を帰朝する弟子に持たせた結果である。相当な額を与えられた円載であるが、『続日本後紀』によると、さらに三年後の大中元年

（八四七）には再び弟子・仁好を帰国させ、あと数年の留学延長を願い出で、勅許と黄金百二十両を得たとある。結果的に大金を手にしたことが、円載の印象を良くないものにしたのだろうか。以降、日本において円載の悪評が漏れ聞かれるようになる。それを伝えたのは、大中七年（八五三、日本の仁寿三年）に入唐した、かつては延暦寺で机を並べて学んだ円珍であった。

唐の商人・王超らの船に乗って、福州（現・福建省）連江県に着岸した円珍は、温州を経て、天台山国清寺に向かった。その途中、越州剡県《せんけん》に住していた円載から手紙を受け取る。その三日後の十二月十四日、円載が難波津から出帆して十七年後に、延暦寺から遙か遠く離れた中国の国清寺で二人は再会した。この様子を書き記した円珍の『行歴抄《ぎょうれきしょう》』には、どんな感動の再会の場面がつづられているかと思いきや、「涙を流して喜ぶ珍（円珍）」に対し、冬にも関わらず真っ黒に日焼けした「載（円載）は悦びも示さず」、さらには「我は唐の国に在ること、巳《すで》に多年を経たり。惣《すべ》て日本語を忘却したり」と告げると、そのまま口を噤《つぐ》んでしまったという。円珍は円載よりも七、八歳年少であり、日本天台の派閥でいうと、円載は天台宗第二祖の円澄派に与し、初代天台座主の義真の弟子・円修派に属した円珍とは立場の違いはあったものの、円載の態度に不信を抱いても仕方がないことであっただろう。以後、円載に対する円珍の筆鋒は凄まじいものとなる。

このような折りの会昌三年（八四三）、天台座主争いに敗れて室生寺に移った円修と安祥寺開山の恵運が天台山を訪れ、円載が尼僧と通じていることを知った。

また禅林寺の道詮《どうせん》和尚からたびたび寺を抜け出して悪業を行っていることを聞き、慟哭した。それを逆恨みした円載は新羅僧を雇って円修を毒殺しようと後を追わせたが、円修は一足先に帰国していて難を免れたというのである。しかし、当の本人であるはずの円修と恵運は、円載の悪行について何も語っていない。さらに、時はいわゆる会昌の法難が始まり、破仏の嵐が中国全土に吹き荒れる前夜である。教団に対する取締りが一層厳しくなり、外国僧の行動が制限された時期に、禅林寺の道詮等でさえ熟知するような破戒行為が放置されていたとは考えにくい。

それよりも、真冬に日焼けした姿で円珍の前に現れた点が、一つの事実を物語ると考えられる。すなわち、在家の生活を送っていた可能性である。実際に、円珍は長安・青龍寺の法全から、円載が剡県で妻を娶って子供をもうけ、田を耕し蚕を飼っているという話を聞いたと記録している。

武宗による会昌年間の宗教弾圧のなまなましい実態は、円仁の『入唐求法巡礼行記』に詳しいが、会昌五年（八四五）に出された数々の勅は熾烈を極め、外国僧も証明書がなければ還俗《げんぞく》の上、本国へ強制送還。逆らえば、死刑を言い渡されたのである。これによって還俗を余儀なくされた円載が、国清寺を去って剡県に移り住み、還俗した尼僧と世帯を構えたとも考えられる。大中元年（八四七）に弟子・仁好を帰国させて、日本の朝廷に資金援助を願い出た際の表状に、「容服《ようふく》変更し、心事艱阻《しんじかんそ》なり。然れども自強して息《や》まず。数年留まることを乞う」として、一時は僧衣を脱いでいたことを自ら述べている。推測の域を出ないが、円澄派に属する円載と円修との間に何らかの確執があり、それと強制還俗の事実が非好意的に結び付けられた結果、このような悪評として伝わったのではなかろうか。円珍が円修の一派であったことも、加味すべきであろう。

4・長安での密教受法、そして波間に消ゆ

円載と円珍は、まさしく犬猿の仲となる。天台山に滞在していた円珍は、大中九年（八五五）に長安に向かった。円載も蘇州で合流し、行動をともにすることになる。だが、旅行中に円珍の従僧が円珍の許を離れ、のちに円載に従った件も災いし、諍いは一層深刻なものとなった。現在に伝わる円載像は、彼を敵視していた円珍の筆を通したものが主であるので、にわかにすべてを鵜呑みにすることは危険である。おそらくは経験に基づく放胆な性質であったと読み取れる円載と、円珍は性格的に合わない部分があったのだろう。円珍はよく言えば真摯で直情径行型、悪く言えば自己中心的で世間知らずの一面があった。憧れの長安入京を前に、自由に行動して修学したいと望む円珍に対し、在唐期間も長きにわたり、会昌の法難の辛苦も舐めた円載は、外国僧である自分たちの勝手な行動は慎むべきと戒めている。

ともあれ、大中九年（八五五）七月十五日、青龍寺大悲胎蔵壇において、円載と円珍は法全《はっせん》より五部灌頂《ごぶかんじょう》を受けた。続けて九月三日、龍興寺浄土院に住していた日本僧・円覚《えんがく》を加えて、胎蔵の諸印を授けられている。十月には、青龍寺金

剛界曼荼羅道場で金剛界の灌頂を受け、念願の両部の大法を受法した。

密教受法の最中も、円珍は円載に厳しい目を向けており、『金剛界私記』の奥書に、円載の不誠実を非難している。

大中九年（八五五）十一月末、円珍は長安を離れた。その三年後、多くの経論や図画、仏具を携えて無事帰国する。皮肉にも円載の行動は円珍の記録によって確認される部分が非常に大きく、それ以降の円載の消息は杳として途絶える。そのまま長安に留まったとも、剡県へ戻って、浙東（現・浙江省）で勃発した農民の大反乱である裘甫《きゅうほ》の乱（八五九〜八六〇）に巻き込まれたとの説もある。このまま歴史の流れに埋没するかと思われる円載であるが、再度、それも入唐僧との縁で立ち現れてくる。

咸通三年（八六二）、薬子《くすこ》の変（八一〇）で廃太子された平城天皇の第三皇子・高岳《たかおか》親王、真如が、東寺の宗叡等を伴って入唐した。困難を乗り越えて長安入りした一行を、かつて永忠や空海が止宿した西明寺（会昌の法難で廃寺になり、再建されて福寿寺と改称している）に迎えたのが、在唐四十年になった留学僧円載であった。円載はいずこかで真如の入唐を聞いたのだろう、越州まで迎えの僧・智聡《ちそう》を差し向ける。かつて円珍に従って渡唐し、後に円載の許に付いた従僧であった。真如は青龍寺の法全のもとで修学したが、おそらく円載の紹介があったものと思われる。しかし求法の志は、六十歳を越した真如にさらに天竺（インド）行きを決意させ、勅許を得て広州から海路旅立った。わずか五か月余りの長安滞在であったが、円載は朝廷への手続や関係各所への請願に奔走し、ともに密教を受法した円覚を真如の随伴者に推したと考えられる。唐を発った真如のその後の消息は不明である。『日本三代実録』*は、十六年後に留学僧からなされた報告として、羅越国《らえつ》（マレー半島の南端か）で没したと伝える。

老境に至った円載のその後は、悲劇で締めくくられる。在唐中に収集した大量の経論や儒書を携えてやっと帰朝するにあたり、交遊のあった文人から送別詩が寄せられている。中でも、晩唐の大詩人・陸亀蒙《りくきもう》は、「円載上人が儒書および釈典を挟《たずさ》えて日本国に帰ると聞き、更に一絶を作《もの》して以て送る」との序を持つ送別の歌を送っている。

また、円載帰国の報を聞いた皇帝は紫衣を賜ったと、北宋の天台僧・賛寧《さんねい》（九〇九～一〇〇二）は『大宋僧史略』に記している。しかし、円載は再び日本の土を踏むことはなかった。これまで自らの弟子を帰国させるのに用いていた李延孝の船で出航したが、日本への渡航に熟練していた船も暴風雨には勝てず、大破して沈没してしまった。辛くも生き残った智聡が、円載溺死の訃報とともに、元慶元年（八七七）に帰朝した。陸亀蒙の表現を借りれば、渤海の波の音さえ凌駕するであろうと讃歎された万巻の書とともに荒波の間に消えた円載の生涯は、虚しく散った留学生や入唐僧たちを代表するものであった。

円載の訃報が届く前、歴年の確執あったはずの円珍は、円載の遭難を夢に見、その悲運にとめどなく涙を流したと、『天台宗延暦寺座主円珍伝』は伝えている。

『日本三代実録』 奈良時代から平安時代にかけて編纂された、勅撰の歴史書『六国史』の最後。清和、陽成、光孝、三代の実録。宇多天皇から醍醐天皇の頃に、藤原時平などによって完成された。

第六章　天台僧の活躍と矜持

一、慈覚大師・円仁

1・天台学を求めて

入唐八家を形成する真言と天台の両宗のうち、それぞれ最初に入唐した最澄と空海は、その宗派仏教を興したいわゆる宗祖であり、両者が志向した仏教の内容は大きく異なるものの、第一祖としては歴史的にも共通した特徴を具えている。これに対し、宗祖の後継者たちが新たな仏教の展開を求めて入唐する場合には、天台・真言両宗の教義構造の違いや実践体系の相違に基づいて、かなり異なった様相を呈している。本章では、天台宗、とくに密教（台密）の部分を深化させた二人の有力な天台僧である円仁（七九四〜八六四）と円珍（八一四〜八九一）の活躍を辿ってみたい。

まず、時代的に先行する円仁から取り上げてみよう。円珍とともに天台宗の密教部分である台密を大成し、のちに延暦寺第三世座主となった円仁は、延暦十三年（七九四）下野国（現・栃木県）那賀郡に生まれた。俗姓は壬生《みぶ》氏で、地方豪族の出である。幼少の頃に父を失い、兄より経史などの漢籍を学んだ。九歳にして仏道を志し、下野大慈寺《だいじじ》の広智《こうち》和尚に師事する。関東地方で学徳兼備の高僧として知られていた広智は、最澄の天台布教を支援しており、少し遅れて真言宣布に乗り出した空海も、彼に典籍と書状を送って協力を要請している。

師の広智に伴われ、十五歳で比叡山に登って正式に最澄門下となり、『摩訶止観』*等の天台学を学んだ。弘仁五年（八一四）に得度した後、最澄から伝法灌頂を受ける。東大寺で具足戒を受けたが、この頃から最澄の比叡山大乗戒壇独立の動きが急速に表面化したため、その後に比叡山で得度した円珍などと比較すると、出家僧としてのプロセスが多少異なる部分もある。

二十九歳のとき、師の最澄の遷化《せんげ》（八二二）にあうが、円仁はすでに学業を広く修めて、比叡山の教講師として奈良の法隆寺や大阪の四天王寺などの諸寺で『法華経』などの講讃を行った。最澄自身、弘仁年間の初めに空海から受けた両部密教を徹底・深化させる機縁に恵まれず、むしろもう一つの中心要素であった止観業に勢力を集中していた時期に師事したため、円仁も密教に対する関心が薄く、狭義の天台僧としての活動を専らとするものであった。

承和二年（八三五）、三十年ぶりに遣唐使節が発令された際、すでに四十歳を越え、天台宗の中堅を担っていた円仁は、短期留学である入唐還学僧の詔を受け、若年であることから長期留学する留学僧の資格であった円載らとともに、遣唐大使・藤原常嗣の一行に従って渡唐した。

承和五年七月、座礁して小舟に乗り換えての上陸という憂き目に遭いながらも、海路の入唐の玄関口である揚州海陵県に着いた。ようやく中国の地に到着した時には、同宗の円載に加えて、真言請益僧の円行、三論留学僧の常暁も同行していたが、慣例として滞在費用等を負担し、かつ行程等を管理する唐朝の役人側の判

摩訶止観　まかしかん　天台宗教義の実践的要点を述べたもの。天台大師智顗の作。

断で、長安入京が認められたのは、真言宗の円行のみである。さらに、遣唐使節一行の帰国直前になって天台僧の天台登山と留学が許可されたが、それは年長ですでに実績のある円仁にではなく、留学僧の若き円載であった。すでに天台宗の中枢を占めるべき位置にあり、期待を寄せられていた円仁の落胆は大きく、のちに著された『入唐求法巡礼行記』（『行記』）にも、その無念さがつづられている。

浙江の天台山に登った後、長安の都へ到って天台宗を研鑽することを所期の目的としていた円仁だが、やむなく軌道修正を行った。移動を許可された越州では、開元寺に滞在して、幾名かの師から主に密教の教えと実践を受けることとなった。まず、嵩山院《すうざんいん》の持念和尚（密教僧）の全雅《ぜんが》から、「金剛界の諸尊の儀軌」など数十巻を借りて書写したことも『行記』に記されている。

なお『行記』では、「金剛界の諸尊の儀軌」など数十巻の内容を具体的に記していないが、円仁の数ある請来目録の一つ、『入唐求法目録』に列挙されている『金剛頂蓮華部心念誦儀軌』一巻、『金剛頂瑜伽千手千眼観自在菩薩修行儀軌』一巻などの主として金剛智《こんごうち》・不空《ふくう》の師弟によって訳出（一部は撰述）された『金剛頂経』系密教の経典・儀軌が請来されていたことは確実である。

また、円仁は全雅から別に『悉曇章《しったんしょう》』（「全雅手写」）を授かっている。小野勝年氏などの研究によると、『悉曇章』写本の奥書に、「義学沙門（仏教学者）全雅、梵文を写し、日本大徳円仁供奉に伝え与う」とあるように、全雅は円仁に金剛界法を授ける前に、インドの梵語（サンスクリット語*）とその文字（梵字）を総合

サンスクリット　古代インド語のこと。サンスクリットは梵天がつくったという伝説があり、それで中国や日本では梵語という。大乗経典はほとんどが梵語で書かれている。これを記すための文字を梵字という。

金剛界八十一尊曼荼羅［太山寺所蔵］

した悉曇学の基礎資料である『悉曇章』を授けたことが分かる。

古代インドの共通文語であるサンスクリット語を表記する文字の書体には、時代的変遷にしたがって数種類の展開があるが、中国仏教文化に最も影響を与えたのが、シッダマートリカー（Siddhamātṛkā）書体である。中国では、それを音写・短縮して「悉曇」*と称した。その概念は、狭義の文字学にとどまらず、言語学全体をも意味している。そして、「悉曇章」と呼ぶ場合は、母音と子音の合成になる表音文字の悉曇文字の字母表（複合文字を含む）を示している。

また、円仁は、たまたま長安から揚州を訪れていた中国人僧・宗叡《しゅうえい》から「梵書」を学んでいる。同名ではあるが、後に入唐する日本人学問僧の宗叡とは別人である。幸いなことに、このように円仁は梵字と梵書を併せて教授されている。かつての空海も、密教阿闍梨の恵果和尚に入門する直前に、インド僧の般若《はんにゃ》三蔵にめぐり会い、やはり梵語を学んだことが密教受法に大きな利点となっている。中国の仏教文化が想像以上に広く、かつ深く地方まで及んでいたことは、天台山行きの勅許が下りず、入京の展望も開けない円仁にとっては幸いである一方で、より中央の都での学問に焦がれるようになったのではなかろうか。

2・決死の単独行

円仁と円載の天台山行きの許可の可否は、入京した遣唐大使が唐の朝廷に掛け合い、大使一行が長安から揚州に帰着するまで分からなかった。だが、すでに円

悉曇　しったん　梵語を記すために用いる書体の一つ。もとは梵語の字母だけをいったが、のちに書法、読法、文法などすべてをいうようになった。日本には奈良朝以前に伝えられ、空海などによって悉曇学が盛んになった。日本語の五十音は悉曇を参考にしたといわれる。

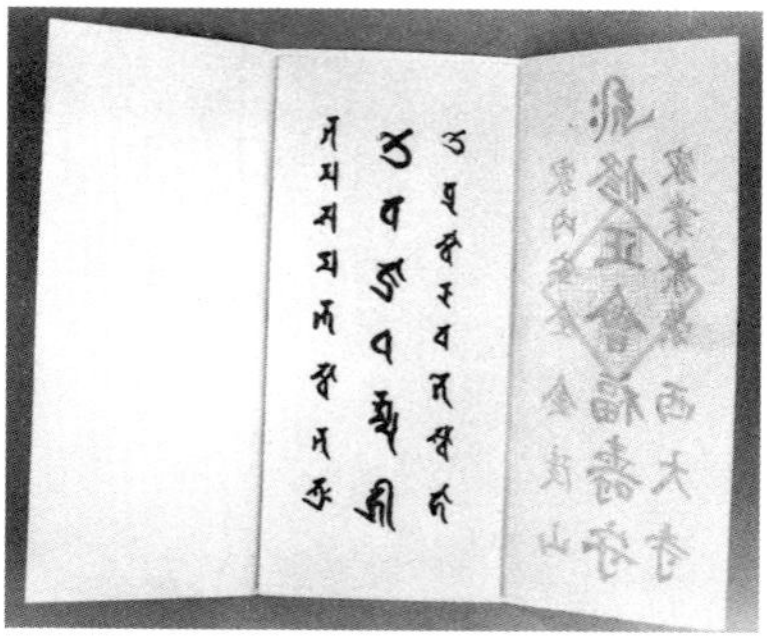

悉曇書体　［西大寺札］

行や常暁の節で比較して紹介したように、円仁は長岑判官《ながみねのはんがん》（副使）からの来書を揚州で受け取り、天台山行きの勅許が降りなかったことを知らされていた。

それに対し、請益僧と留学僧という立場の違いがあるにせよ、遙かに年少の円載には天台山行きの勅許とさらに五年間の食糧給付という好条件が与えられたことに、円仁は内心忸怩たる思いであったことは疑いない。状況によっては、一種の「抜け参り」という非常手段を使うこともこの時考えたかもしれない。

開成四年（八三九）二月二十八日、楚州の地に至った円仁は、日本から託された天台山への供物・信物を晴れて旅立つ円載と従僧二名に委ね、別れを惜しんだ。後年、不本意でもあった在唐生活を送った円載と、気鋭の入唐僧・円珍があちこちで激論を戦わせることとなるが、穏和で生真面目な性質の円仁は、この楚州での別れを最後に、二度と円載と相い見えることはなかった。

唐での修学の未練捨てきれない円仁は、遣唐大使・藤原常嗣に「求法遂げ難きに縁りて、唐国に留住すべき状」を献上した。事情をよく知る大使も、円仁に同情して内諾を与えた。しかしながら、まさに帰国のために出港する大使たちと直ぐ別行動を取る手段もなく、仕方なく帰国する一行九隻の船団のうち、長岑判官の第二船に乗船した。この時の船団が九隻いずれも新羅船であったことが、のちの円仁の行動に大きく作用するのである。

円仁のこれ以降の苦難の巡礼求法の旅を詳しく語るには、著名なE・ライシャワー博士の学位論文のごとき大著を必要とするので、本書ではその後の大きな出来事のみを簡略に取り上げるにとどめる。円載と別れた一行は、楚州から海州（現・江蘇省東海県）を経て、山東半島の赤山《せきざん》に停泊した。新羅船であるので、意図的に北ルートであるこのルートを取ったはずであるが、大使や判官たちは適当な場所で円仁を下船させる必要があった。

赤山は、山東半島の東端に近い港町で、これより先は中国大陸を離れて一気に黄海へ漕ぎ出すこととなる。そこで一芝居を打ち、円仁が船に乗り遅れたこととして、船団は新羅経由で日本へと旅立っていった。事情を知らない赤山の僧俗は、さかんに円仁を気の毒がったが、むしろこれ以降の困難は覚悟の上である円仁は、無事に中国に留まることができて天にも昇る心持ちであっただろう。

円仁が赤山でしばらく滞在した赤山法華院は、円仁の中国巡礼の事実上の出発点となった。円仁が天台宗僧であることから、最初に台州の天台山参拝を願ったことは先にも触れたとおりだが、五台山および長安へ遊行し、二十年を経て赤山に到ったという新羅僧から聖地・五台山の聖跡の話を聞き、思い切って天台山行きを取りやめて、五台山へ巡礼する意志を固めたという。幸い、後日には五台山参拝を許可する公験《くげん》（許可証）が届いている。

翌年、開成五年（八四〇）の春、四十七歳になった円仁は、五台山を目指して旅立った。登州から青州を経て、河北省曲陽県の黄山八会寺の上房普通院にたどり着いたのが、四月二十三日のこと。赤山を発ってから、約三か月の旅程であった。なお、普通院とは、五台山巡礼者のために寺院に設けられた休憩宿泊施設で

五台山文殊像（文殊菩薩騎獅像ならびに四侍者像）［西大寺所蔵］

ある。いよいよ五台山のベースキャンプにあたる停点普通院に到ったのが、四月二十八日。そこから見える五台山の霊姿を、円仁は感動をこめて次のように述べている。

これすなわち、清涼山（五台山）、金色世界にして、文殊師利が現在、利他（生きて教化）するところなり。

五台山が他の仏教霊山・聖地と比べて特別視されるのは、「生身《しょうじん》（現存）」の文殊菩薩*が人びとを救済するという信仰である。現に、中央の中台（中峰）をはじめとする多くの箇所で、文殊の聖跡を拝し、かつ聖像を拝んでいる。

入唐中の旅行記である『行記』には、その性質上、帰朝後に円仁が日本で流行らせた文殊信仰については語らないが、実際にはのちに比叡山の東塔に文殊楼を創建し、善財童子をはじめとする四侍者を従えたいわゆる五台山文殊の群像を祀った者こそが、円仁であるという。

また円仁は、広い五台山内の諸寺で積極的に活動した。たとえば、大華厳寺では、少部数とはいえ天台系の聖典や章疏を書写し、竹林寺では声を長く引いて唱える引声念仏を聴聞したりしている。そこでの彼の大きな業績は、長く消息を絶っていた日本人入唐僧・霊仙の最期を記した資料を入手し、それを自らの『行記』中に詳しく書き記したことである。最澄・空海と同じく延暦の遣唐使節に随って

文殊菩薩　もんじゅぼさつ　実在の人という説もあるが、普通は普賢菩薩とともに釈迦如来の脇侍で、知恵を司る菩薩とされ、その威徳を表す獅子に乗った像で知られる。さらに発展した文殊菩薩は、五人の使者や八人の童子を従えているとされる。

入唐したはずの霊仙は、のちに翻経三蔵・般若が『大乗本生心地観経』を訳出した際に筆受等として翻訳を助けた、語学に優れた仏教僧として歴史の表面に浮かび上がってくるが、その悲劇の最期は円仁の筆によって初めて日本に広く伝わることとなったのであるが、すでに霊仙の節で取り上げている。

3・長安での仏教修習

約二か月に及ぶ聖地・五台山巡礼において、多くの仏典資料や信仰の情報を得た円仁は、進路を南西にとり、開成五年（八二〇）八月二十二日、ようやく待望の都・長安の大興善寺に到着した。当初の天台山参拝の許可が下りなかったこと、また赤山での覚悟の残留から五台山へ巡礼先を変更したこともあって、後述するように、円仁の仏教修学の対象は所期の天台教学の勉学から、むしろ唐代密教の積極的な体得へと大きく変容していった。この傾向は、山林型天台学よりも、都市型密教が大流行していた長安では、一層顕著に表れることになる。

『行記』によると、円仁は浄土院の僧・懐慶《かいけい》から長安の密教僧の主とする分野・法脈について、以下のように聞いたと書き記している。青龍寺の法潤《ほうじゅん》和尚は、胎蔵界法に優れており、また同寺に止住するインド僧・宝月《ほうがつ》三蔵は、まだ唐の言葉を完全に理解はしないが、密教の業の理解には行き届いたものがあるといい、大興善寺の文悟《ぶんご》阿闍梨は金剛界法に優れ、青龍寺の義真和尚は、胎蔵・金剛の両部に通暁しているという。さらに、大興善寺の元政《げんせい》和尚は、金剛界法を深く理解し、また同寺のインド僧・難陀三蔵は、唐の言葉に多く通じていない。大安国寺には元簡《げんかん》阿闍梨がいて、金剛界法とあわせて悉曇や画にも優れ、梵字もよく書く。玄法寺の法全和尚は、胎蔵・金剛・蘇悉地の三部にわたって理解が深い、というものであった。

そこで円仁は、大興善寺に赴いて元政に直接参見し、金剛界の大法を受け、伝法灌頂も滞りなく済ませた。それに際して、元政の指導のもと、専門の画師と推測される王恵に「金剛界大曼荼羅四幅」を描かせている。「四幅」とは、絹布四枚をはり合わせたものを示し、中規模の大きさの金剛界曼荼羅であったことが分かる。「大曼荼羅」と称されていることから、九会ではなく一会の金剛界曼荼羅であった可能性が高い。

続く受法先として円仁が選んだのは、青龍寺の義真和尚であった。唐僧の義真は、晩年の恵果和尚から密教の入門としての指導を受けたが、師の遷化にともなって、恵果の弟子・義操から金剛・胎蔵両部の大法を受けて、青龍寺灌頂院の内供奉となる。いわば恵果の孫弟子であるが、恵果・空海の師弟が努めた両部密教の統合止揚よりも、どちらかといえば胎蔵法を専らとする専門家であったようだ。

そこで、開成六年（八四一）五月三日、青龍寺灌頂道場において、義真より胎蔵毘盧遮那経大法と蘇悉地大法を受けた。蘇悉地法*は、善無畏三蔵の撰述による『蘇悉地羯羅供養法』を典拠にして、晩唐期に急速に流行している。円仁はそれを義真から受けて、金剛・胎蔵の両部に加重して、いわゆる三部の秘法を構築し

蘇悉地法　そしつじほう　善無畏が漢訳した蘇悉地経の中に書かれている優れた成就を得る作法。密教の実践法を説いている。真言三部経の一つとされるが、実際は天台密教で重視された。

ていったものと思われる。帰朝後、円仁はまさに『蘇悉地羯羅供養法疏』を著し、台密三部の体系を確立した。

中唐期の密教の大家・不空三蔵が住した大興善寺の元政と、その弟子・恵果和尚の寺・青龍寺の義真から、それぞれ金剛界法と胎蔵・蘇悉地の二法の計三法の受法を済ませた円仁は、ここで一旦帰国準備に取り掛かったといわれる。

時に、武宗の会昌元年（八四一）。皇帝の誕生日にあたっての宮中の斎食の際に、仏教僧と道士の論義が起こって、道教有利の裁定が下された。道教に傾倒する武宗による仏教弾圧の口火が切られる前夜である。暗雲が立ちこめる時期ではあったが、円仁はあえて機会を設け、当時玄法寺に住していた法全阿闍梨のもとで、胎蔵の大法を受けた。法全は、空海の師である恵果に童子の頃から付き随った内弟子であった。会昌の法難のあと、新たに復興された青龍寺に移り、のちに日本から次々と入唐してくる円珍・宗叡・真如などに密教を教示したことで広く知られている。

法全は円仁に、自らよくした「胎蔵仏法灌頂」の他に「三種の悉地灌頂（上・中・下）」を授けたというが、これは『蘇悉地経』に説かれるものである。法全の密教に対して、円仁などの日本天台の側は、従来の金胎両部の上に第三の蘇悉地法を加えて、「三重」として高く評価する。一方の日本真言では、宗叡や真如の態度に顕著に見られるように、これらの展開を余分な要素として法全の密教をほとんど評価しない。

法全像〔白描先徳図像（重文）／東京国立博物館所蔵〕

会昌二年（八四二）三月、かつて円仁が揚州で親しく面接したこともある都督（地方長官）の李徳裕が宰相に任ぜられて入京すると、すでに為政者が道教側に荷担するという宗教比較のレヴェルではなく、仏教をはじめとする外来宗教の非生産性（税を納めない、兵役に就かない、結婚して子供を作らない）を、社会経済史の観点から激しく非難して、一部寺院の棄却、僧尼の還俗*など過酷な宗教統制の嵐が始まりつつあった。

道教に心酔した武宗の廃仏理由と唐朝のとった宗教統制政策の間には大きなギャップがあるが、ここでその問題について議論することは避けておこう。為政者側の思惑はともかく、実際に施行された政策によって、円仁のような外国僧たちは、最初は都に留め置かれて行動の自由が制限され、次には強制還俗、ついには国外追放の命まで下った。円仁は苦労を重ねながら江南地方を目指し、ようやく日本に向かう民間船を見つけて帰国の途につく。出港したのは、かつて覚悟の残留を決めた地、山東半島の赤山浦であった。

請来品として預けてあった一部の聖教や曼荼羅は、不幸にして廃仏の命によって焼却されてしまったが、しかし大部分の密教経典や法具類は難を免れ、わが国に持ち帰られた。その後の歴史を見ても、会昌の法難後には唐の仏教、とくに密教の受けた打撃は甚大であり、衰退の一途を辿っている。法難直前に入手された唐代密教は内容が充実しており、それを日本にもたらした円仁がその後の整理・体系化に努めたことによって、空海請来の真言密教に劣らぬ内容を持つ天台密教

還俗　げんぞく　僧になったものが、再び俗人（在家）に還ること。

を構築することができたのである。

二、智証大師・円珍

1・空海からの離脱

入唐八家と呼ばれる八人の仏教学問僧のなかで、その入唐目的と帰朝成果にしたがって分類した場合、前節で取り上げた円仁と必ずセットとなるのが、のちに智証《ちしょう》大師という賜号《しごう》を贈られ、さらに結果的に後継者たちが天台宗の中で新しい分派を生ぜざるを得なかった円珍（八一四～八九一）である。

両者とも宗祖最澄によってスタートした天台宗の二本柱（天台業と遮那業《ごう》*）をより補強し、発展すべく中国に渡ったが、結果的に天台教学の発展は少数の末注の収集があった程度で、揚州・越州などの江南地方や都の長安・洛陽での新規の収穫は、ほとんど密教に関わるものであった。

とはいえ、円仁と円珍の密教に対するスタンスには大きな相違点があったことは否定できない。それは、両者の個性・人間性の違いもあったが、わずか二十歳の年齢差にとどまらない歴史的背景の違いも微妙に左右していたことは否定できない。

さて、円仁・円珍のあと、残念ながら入唐はできなかったが、天台宗の密教部門を大成したといわれる安然僧正（八四一～九一五頃）を合わせて、「台密の三学匠」と呼ばれ、尊崇されている円珍は、三学匠のなかでも、また入唐八家のな

智証大師円珍坐像（重文）［聖護院所蔵］

遮那業　しゃなごう　遮那は毘盧遮那仏（大日如来）の略。天台宗では密教のことを学び行うことをこう表現する。

かでも折紙つきの風雲児であった。

『智証大師伝』によると円珍は、弘仁五年（八一四）、四国の讃岐国那珂郡に生まれたとされる。現在の四国八十八か所札所の第七十六番金倉寺《こんぞうじ》のあたりが誕生所と伝えられている。俗姓は因支首《いなきのおびと》氏で、俗名を広雄。父は宅成《やかなり》というが、『新撰姓氏録』には出ていない。円珍の祖父の道麻呂は、大同二年（八〇七）に和気氏への改姓を願い出たが、認められたのは、かなり後年であった。

次に、大問題となる母は佐伯氏の女ということではほぼ確定している。讃岐の佐伯氏にもいくつかの系統があるが、いずれの伝記でも佐伯直氏の女とされる。そうであれば、空海の父方と連なることとなる。もっとも、空海の父自体、佐伯田公をはじめいくつかの説があるが、その女とすると円珍は空海から見て「甥」、また円珍の母を空海の兄弟の女とすれば、「姪の子」となる。いずれにしても、空海と比較的近い血縁関係にあったことは承認してよかろう。

ところが、空海の異母弟とされる真雅《しんが》、甥の真然《しんぜん》、智泉《ちせん》など同族の多数が、名をあげた空海の周りに集まって弟子集団の中核を形成するのに対し、円珍の場合は、逆にそれに反発して天台教団に弟子入りしたともいわれている。空海よりも強力な人物が天台宗への吸引の役割を果した可能性があったようだが、それは別として、円珍はのちに、とくに帰朝以後、舌鋒鋭く空海を批判する。

円珍が、気に入らなかったり、敵対する人物を唾棄するような言葉で罵倒するのは、のちに中国で争った円載の例でも顕著であるが、円珍の母と空海の間で一種の近親憎悪があったのか、円珍の対空海、対真言への競争心は一生を貫いて変わることはなかったようだ。

天長五年（八二八）、十五歳のとき、叔父の僧仁徳《にんとく》に随って比叡山に登った。仁徳は父宅成の弟であったが、いちはやく最澄の弟子となっていた。

比叡山では、初代座主で最澄に随って入唐した義真（七八一～八三三）に師事して、『法華経』、『金光明経』、『大毘盧遮那経』（『大日経』）などの大乗経（一部密教経典を含む）と自宗天台の章疏などを授けられた。天長十年（八三三）、天台宗とくに止観業の年分度者の試験に合格したので、比叡山の大乗戒壇で受戒して正式の天台僧になり、比叡山修行の決まりである「籠山《ろうざん》十二年の行」を成満、嘉祥三年（八五〇）には、宮中に参内を許される内供奉十禅師に勅任された。

初期の天台教団にも、宗祖最澄の行歴を遵守する初代座主の義真のグループと、空海から密教の教えを受けたことにより密教の充実整備をはかる第二代座主の円澄のグループがあり、また円澄と座主を競って大和の室生山へ退いた円修の動向もあり、円仁と円珍、そして例の円載もその系譜と派閥が異なることが後世微妙な影響を与えることとなった。

2・円珍の私的かつ政治的入唐

承和十四年（八四七）正月八日から一週間にわたり執り行われた大極殿での最《さい》勝会《しょうえ》において、聴衆（対論者）の一人に選ばれた円珍は、その論議の席上、法相宗の碩学（学僧）であった元興寺の明詮《みょうせん》（七八九～八六八）を答弁に窮せしめたという。このときに、新進の学僧の円珍の才能が広く認められることになり、即位前の文徳天皇や右大臣の藤原良房《ふじわらのよしふさ》＊、およびその弟の良相の関心をひいたようだ。実際、これら三者とのつながりを生かして、次のステップを思い巡らし、文徳天皇が即位した嘉祥三年（八〇五）に、円珍は入唐求法を申請し、認められている。

入唐求法の真の目的を、円珍当人の側からいえば、最澄・円仁以来続いている中国天台学の新しい発展形態の輸入に加えて、最澄がきっかけをつかみ、後続の円仁の果敢な許可なし中国上陸によって、想像以上の成果をあげ、空海後の真言宗が知らない八字文殊法＊、五台山文殊信仰、そして熾盛光仏頂法＊などの新規の密教修法とその曼荼羅資料を持ち帰ることができた。佐伯有清氏の主張する「良房が円珍に唐で胎蔵・金剛両部の大曼荼羅像を図写させ、日本に請来させたのは、なるべく早い機会に皇太子惟仁《これひと》親王（清和天皇）を即位させようとする良房の意図ともかかわっていた」とする見解には賛同する点が多い。

このように、自らの内的理由に加えて、政治的、歴史的背景に恵まれて円珍は、その特有の用意周到さから、他僧では気付かなかった「僧位記」（「中務位記」）、「治部省牒《じぶしょうちょう》」、「公験」などの公文書も十分に整え、かつ文徳天皇からは紫衣＊と路糧（旅費）、藤原良房からは天台智顗像への供料砂金四十両、藤原良相《ふじわらのよしみ》＊からは旅費としての砂金三十両などを賜わり、従僧の豊智《ほうち》（のちに智聡と改名）などを

藤原良房　ふじわらのよしふさ［804～872］平安前期の公卿。藤原冬嗣の次男。父とともに嵯峨天皇の信任厚く、良房も834年（承和元年）、31歳で参議、翌年には中納言、45歳で右大臣に任じられる。その間、皇太子恒貞親王を廃し、妹順子の生んだ道康親王を立太子にすることに成功、娘明子をその妃にすることで政界への足がかりを固めた。道康が文徳天皇として即位すると、第一皇子の惟喬親王を押さえ、明子が生んだ惟仁親王（第四皇子、のちの清和天皇）を皇太子にする。自らは左大臣を越えて奈良時代以来途絶えていた太政大臣になり、9歳で清和天皇が即位すると事実上の摂政となった。

八字文殊法　はちじもんじゅほう　文殊菩薩の真言である唵、阿、味、羅、吽、佉、佐、洛の八字により、外敵や悪病の退散を祈る修法。

連れて、博多で唐の商船の便を得るべく、都を旅立って行ったのである。博多では、唐の商人欽良暉《きんりょうき》の交関船が来航してきたが、戻り便の整備と『大毘盧遮那経指帰』など唐に持参する円珍自身の著作の執筆や、中国の高僧たちに行う質問書（「未決」など）の作成のためになお一年あまりを要した。

実際に、円珍が従者とつれだって王超・欽良暉の船に乗り込み、博多を出港したのは、仁寿三年（八五三）七月十六日のことであった。

3・福州・台州・越州での円珍

円珍たちの乗った唐の商船は、強い北風に翻弄されて、いったん琉球国（台湾）に漂着したのち、今度は南東の順風に押されて、唐の大中七年（八五三）八月十五日に福州の連江《れんこう》（福建省連江県）に着岸した。途中のコースはまったく相違するが、約五十年前、円珍の親戚にあたる空海の遣唐使船が着岸した個所はさほど離れていなかった。今回は、入国交渉がうまく運び、二日後には州都福州で刺史（地方長官）の韋署《いしょ》に会うことができた。この当時は、遣唐使の派遣はなく、あくまで私的な入唐だったが、円珍が多数整えてきた公文書資料が重要な役割を果したことは明らかである。

刺史は、円珍を心をこめて慰問し、福州の開元寺に宿泊させ、その上生活費の支給についても取りはからってくれた。最初、海賊と疑われ、嫌疑が晴れたのちも旅程を急ぐためあわただしく出発した空海の時とは、状況が大きく異なってい

熾盛光仏頂法　しじょうこうぶっちょうほう　釈迦牟尼仏が衆生教化のため怒りの相を露わにした姿といい、身体の毛穴から熾盛の光明を出すという如来を祀り、天変地異の際などに除災招福を祈る修法。

紫衣　しえ　紫色の袈裟、または衣。もともと仏教には紫色を尊ぶ習慣はなかったが、中国での道教の影響から紫色が重んじられ、紫衣は皇帝からの贈り物になった。日本でも江戸時代には着用寺院が指定された。しかし、この許可権を巡り、朝廷と幕府が対立（紫衣事件、1629年＝寛永四年）、後水尾天皇（1596〜1680）が激怒して退位するという事件が発生した。以後、紫衣勅許は京都所司代の認証に変更された。

た。さらに五十年の歳月は、この港町にも、密教やインド伝来の仏教を多く蓄積させていたのは驚きである。円珍は、開元寺に滞在中、広州からこの寺に来ていた中天竺（インド中部）の摩掲陀《まがだ》国のナーランダー寺院の般若怛羅《たら》三蔵から梵字、梵語、そして密教諸尊の印契*（手印）を受けることができた。

　とくに、インド人僧の般若怛羅（プラジュニヤーターラ）から直接教授された梵字の『悉曇章』は、インドのシッダマートリカー書体（悉曇体）で書かれたサンスクリット語の字母表（広義のアルファベット）は、密教の学習には不可欠な基礎語学であり、師の円仁も宗叡をはじめ何人かの僧からまず悉曇学を習っている。このような段階的学習法は、古く空海にも遡ることができるが、入唐僧のうちで本格的に密教を受法した空海・円仁・円珍・宗叡の各師が、軌を一つにして悉曇を研修している事実を無視できない（種智院大学密教学会『梵字大鑑』、名著普及会、昭和五十七年）。

　福州の開元寺では、円珍はこのほか唐代後半になって民俗的な仏教信仰のきっかけとなってきた『泗州和上変像《ししゅうわじょうへんぞう》』などの図像資料を書写したというが、もう一点、日中の仏教交流、もう少し広くは文化交流のエピソードとして、開元寺の寺主僧（住職）の恵灌《えかん》が、円珍に対して「五筆和尚（空海）は、お元気ですか」と安否を尋ねたことである。「五筆」とは、平安時代中期の空海伝記である『金剛峯寺建立修行縁起』を初出として、平安末の『今昔物語集』などに多出し、空海が中国において口ならびに両手足を同時に使って五行の文章を巧みに書いた話

藤原良相　ふじわらのよしみ［813～867」平安前期の官人。冬嗣の子。参議を経て、857年（平安元年）右大臣になる。剛胆で雄弁である一方、信心深かったとされ、自邸内に崇親院を建て自活できない一族の子女を収容したり、病患者の救済施設として延命院を設けた。また、この時代には珍しく亡妻を思い、再婚せずその供養に専心したという。→p.150

印契　いんげい　印相《いんぞう》ともいう。左右の手指でさまざまの形を作り、仏や法の徳を示すもの。それを行うことを、印を結ぶという。

国清寺の塔

胎蔵図像

として伝わっているが、小野勝年氏によれば、五本の筆を同時に使ったのはあくまでも伝記であり、実際には楷書、行書、草書、篆書、隷書の五種の書法に空海が巧みであったことが史実であろうとしている。

ともあれ、空海の能筆、達筆が中国でも知れわたっており、しかも円珍が空海の親族であることを知悉した上での発言であったことは事実である。中国での円珍の空海に対する発言は、比較的冷静であり、批判的な要素は少ない。

大中七年（八五三）九月になると、円珍は福州から温州（永嘉郡永嘉県）経由で、天台山参拝の基地である台州に入った。そこでは、開元寺の僧などの訪問を受けたが、主たる目的は、日本の天台宗僧なら誰でも願うところである聖地天台山の参拝であった。

そして、そこで入唐天台僧間でも最大の悲劇というべき円載とのめぐり会いと決裂が生じることになる。承和の遣唐使節に随って天台留学僧として入唐した円載については、本書の第五章（「空海に続く者の光と影」）の第五節で詳しく取り上げている。

なお、江南のもう一つの中心地の越州の開元寺で、円珍は天台僧林の座主の良請に相次いで質疑を行い、期待以上の回答を得ている。それよりも、円珍の密教研究の大きな成果である金剛・胎蔵の両部の密教曼荼羅について、最初の体系的紹介者である空海の知らなかった資料を数多く入手し、それを日本に伝えたことを強調しておく必要がある。すなわち、大中八年から翌九年にかけて約半年間、この越州の開元寺に滞在していたとき、従僧の豊智とともに『胎蔵旧図様』(巻物様の胎蔵曼荼羅図像)を図写している。曼荼羅図像史の立場からいえば、『胎蔵旧図様』は『大日経』に説かれる原胎蔵曼荼羅に不空三蔵訳の『初会金剛頂《しょえこんごうちょう》経《きょう》』(『真実摂経《しんじつしょうきょう》』)の図像を意識的に導入したもので、恵果・空海の現図曼荼羅の先駆形態である。

この『胎蔵旧図様』と、同じく大中九年、円珍が長安で書写して請来したと伝える古様の胎蔵曼荼羅である『胎蔵図像』と、後述の長安青龍寺の法全僧正からの付嘱と伝える『五部心観』(現図系金剛界曼荼羅の異図)を合わせて俗に「円珍請来三大異図曼荼羅」と呼んでいるが、親族というより時代を超えたライバルであった空海とは違うタイプの両部曼荼羅を日本に伝えようとした努力には目を見張るものがある。

4・長安での密教勉学

円珍一行が長安の都に到着したのは、彼の旅行記の抄本(抜粋)にあたる『行歴抄』によれば、大中九年(八五五)五月二十三日という。最初、長安城の東面にある春明門外の旅館に滞在し、次いで通訳の丁満《ていまん》を城内に遣わし仏教情報の収集に入ったが、幸いなことに城内の街頭で丁満が出会ったのは、以前、玄法寺にいた法全阿闍梨(密教僧)であった。地に伏して礼拝する丁満を見て、以前、円仁が入京した際の同行の通訳であったことを思い出した法全が言葉をかけると、新しい私的入唐僧円珍の通訳として入京したが、師はかつて大先輩円仁が指導を受けた法全阿闍梨に師事したいと願っていることを伝えた。

大喜びした法全は、そのまま青龍寺の浄土院の自坊に丁満を連れて行き、茶飯をもてなした。喫茶の習慣は、中国では八世紀頃には普及していたようで、唐代初期の茶器が正倉院に伝わっている。入唐八家の中でも空海が「茶を飲む」話に言及し、青龍寺の自室の前住者であった永忠が帰国ののち天皇に茶をふるまった話が知られている。

円珍が初めて法全を青龍寺に訪ねたのは、彼が少し体調を崩していたこともあって、数日後であったが、法全は非常に喜んで茶飯をもてなした。茶飯は中国寺院では最高の接待で、のちに禅宗寺院の習慣となり、日本の「お茶づけ」の淵源となっている。この法全もそうであるが、約二十年前の円仁が尋ねた師と共通する人師が少なくない。やはり、密教や天台を教授できる僧の数は、ある程度限られていたのであろうが、円仁と円珍の受法上の大きな歴史的相違点は、武宗による仏教弾圧の前か後かという事実である。

そのことを興味深く示しているのが、法全の所属（所住）の寺院名である。法全については、すでに簡単に紹介しているが、晩唐の中国密教を支えた阿闍梨の代表である。青龍寺の恵果和尚に童子の頃から承仕《じょうじ》（給仕）として侍していたが、正式の出家剃髪は師の遷化後、恵果門下の義操に金剛界法、同じく法潤に胎蔵法を受け、結果的に金胎両部の密教を受けた恵果の法孫（弟子の弟子）である。

法全は、最初、長安城の安邑坊の玄法寺に居住し、『大日経』の曼荼羅に対する注釈書である『大毘盧遮那成仏神変加持経蓮華胎蔵大悲生曼荼羅広大成就儀軌』二巻を著わした。これは先に住んでいた寺の名前をとって『玄法寺儀軌《げんぽうじぎき》』と通称されている。

ところが、例の会昌二年（八四二）頃から本格化した会昌の法難の影響を受け、規模の小さな玄法寺はすぐに閉鎖、棄却されてしまった。法全も、他の仏教僧とともに二〜三年の忍従の時を過ごしたが、幸い恵果の寺であった青龍寺は比較的復興が早く、そこに移った法全は、先述の『玄法寺儀軌』（通称）に胎蔵曼荼羅の各尊の真言と三昧耶形《さんまやぎょう》（象徴物）を付け加えた『大毘盧遮那成仏神変加持経蓮華胎蔵菩提幢幖幟普通真言蔵広大成就瑜伽』三巻を撰述した。こちらを伝統的には『青龍寺儀軌』と呼んでいるが、円珍はこれらの両書を法全が貸与してくれたので、宿舎で書写に励んでいたらしい。

大中九年七月十五日、円珍はライバル円載とともに青龍寺の大悲胎蔵壇に入って、いわゆる『大日経』系密教の伝法潅頂を受けている。さらに、法全から借りた『蘇悉地羯羅供養法《そしつじからくようほう》』二巻を書写していることから考えて、先輩円仁と同様に金胎両部に続く第三の法の蘇悉地法の資料も書写したことは事実であるが、後世の日本天台での円珍三部相承の是非論争と結びつけると、必ずしも明確な「三部（金・胎・蘇）相承」だったとは断定できないだろう。

さらに十月には、円珍は法全阿闍梨のもとで青龍寺の金剛界曼荼羅道場に入り、五智（密教における五種の智慧）の潅頂水を注がれた。法全は、青龍寺密教の正当な継承者として、明らかに金胎両部の密教を一つの確固とした体系として伝えていたのである。

なお、先に取り上げた円珍請来三大異図曼荼羅のうち、唯一の金剛界系曼荼羅である『五部心観』は、法全の所持本を大中九年に円珍に分付されたものと奥書きに記されている。

多大の成果をあげた円珍は、各地でそれぞれまとめた目録と最後に帰国直前に台州の国清寺で書き上げた『入唐求法惣目録』（略称）を含めて、計五点の請来目録を残している。

その具体的内容まで詳しく紹介する余裕はないので、本節の最後に目録名とその収集個所、ならびに撰述された期日を列挙しておきたい。

一、開元寺求得経疏記等目録
　福州・開元寺で収集した経典等
　大中七年（八五三）九月二十一日

二、福州温州台州求得経律論書疏記外書等目録
　福州・温州・台州で収集した仏典・外書
　大中八年（八五四）九月二日

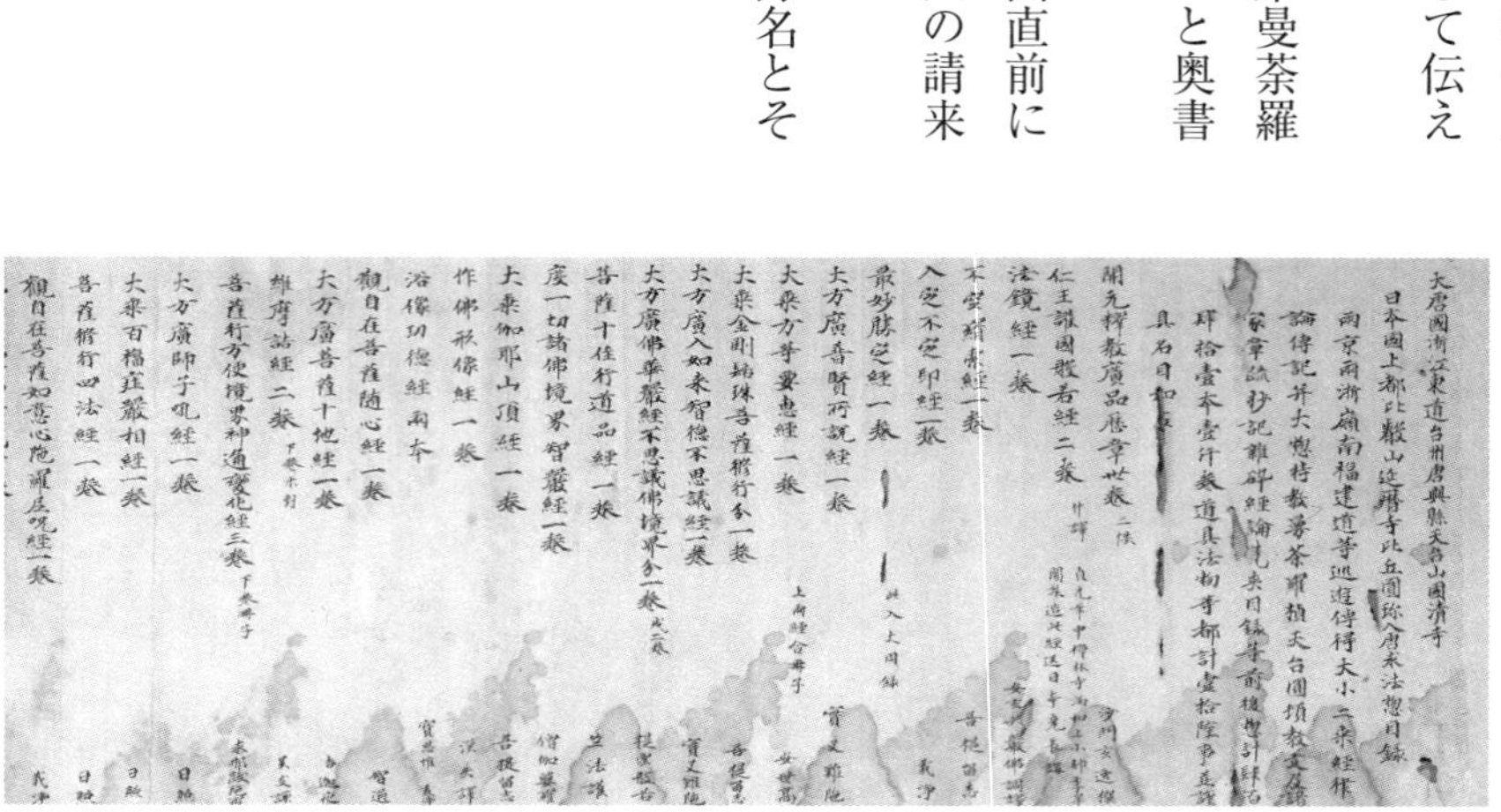

入唐求法総目録［聖護院所蔵］

五部心観（法明院本）［園城寺所蔵］

三、青龍寺求法目録

青龍寺の法全阿闍梨から受けた密教の聖教

大中九年（八五五）十一月十五日

四、日本比丘円珍入唐求法目録

天台山国清寺と長安城で得た典籍

大中十年（八五六）十月

五、日本国上都比叡山延暦寺比丘円珍入唐求法物目録（のちに智証大師請来目録）

大中十一年（八五七）五月十日

これらの大量にして質の高い仏教資料を携えた円珍は、唯一、五台山への巡礼は実現しなかったが、大中十二年（八五八）六月八日に唐の商人李延孝の船に乗り、日本へと戻って行ったのである。

第七章
唐朝の衰退と最後の入唐僧たち

一、破格の入唐僧――真如法親王

1・高岳親王から真如へ

舒明天皇二年（六三〇）に入唐し、二年後に帰朝した最初の遣唐使から約二百年後の九世紀前半に、藤原常嗣を大使とする承和の遣唐使節が、最澄・空海たちを渡らせた前回の延暦の遣唐使節から三十数年後に派遣された。

この使節は、天候に恵まれず二年度にわたって進発を繰り返し、三年目の再々発に際しては、副使・小野篁が病気と称して任を辞退するなど、まさしく諸難続きであった。また、続く寛平の遣唐使節が出発することなく取り止められたため、結果として最後の遣唐使節となったのである。新興の天台宗と真言宗がさらなる発展を期して、円仁・円載・円行・常暁などの優れた人材を請益僧、および留学僧として参加させた歴史的に意義深い使節団であり、少なくとも日中の仏教交流史の分野に限っていえば、前回の延暦の遣唐使節に劣らぬ成果を収めたといえる。

そして、単に仏教という宗教の一分野に限らず、延暦と承和の遣唐使節に随った学問僧や留学生からは、いささか絶頂期を過ぎた時代であったとはいえ、漢文文化と古代律令制国家の制度、さらには建築・工芸・陶芸・仏像・絵画・書跡などの当代随一のレベルの高い唐代文化が幅広く、かつ大量に輸入された。これらが、八世紀後半から九世紀前半における、わが国の平安文化の発展の重要な基盤

真如〔白描先徳図像（重文）／東京国立博物館所蔵〕

を形成していたことは広く知られたとおりである。

　ところが、承和の遣唐使節となった四隻の船が、帰途に第二船が南海に漂着してしまったとはいえ、初めて全船が無事に帰国したその二年後の承和九年（八四二）、仁明天皇の春宮《とうぐう》（皇太子）の恒貞《つねさだ》親王のブレーンであった伴健岑《とものこわみね》＊と橘逸勢らが、謀反の疑いで捕縛された。伴健岑は隠岐国に、橘逸勢は伊豆国に流され、恒貞親王も連座して皇太子を廃された。代わって立太子したのが、藤原良房の妹・順子が生んだ仁明帝の第一皇子・道康《みちやす》親王、のちの文徳天皇である。このような経緯を見れば、すでに着々と権力を集めてきた藤原北家の頭領の良房が、皇室をも自らの閨閥で固め、権力をさらに拡大させようとした企てが見てとれる。

　こうした時代背景の中、社会の不安も反映して遣唐使節の発議は行われなかった。しかし、かつて平城上皇が重祚《ちょうそ》（再び即位すること）を図ったクーデターである薬子の変（弘仁元年、八一〇）の最大の被害者であり、出家を余儀なくされた廃太子・高丘《たかおか》親王（七九九〜八六五？）が、のちに空海の弟子・真如として求法の旅に出ることとなる。人生の後半期からの出家と求法活動であったが、師・空海が亡くなった日本では、自らの疑問・質問に答えてくれる高僧はおらず、次節で取り上げる宗叡らの僧俗を伴った一大使節団を組織する。そして、承和の遣唐使節を歴史上の最後の公式使節というならば、真如と宗叡が最後の入唐学問僧となるのである。貞観四年（八六二）に出帆した真如一行のグループを、私は仮に「貞観の求法使節」と称しているが、もちろんこのような名称が史料に残っ

超昇寺址［佐紀神社所蔵］

伴建岑　とものこわみね［生没年不詳］平安前期の官人。護衛官として皇太子恒貞親王（淳和天皇の皇子）に仕えたが、842年（承和九年）嵯峨上皇重態を聞き、橘逸勢らとともに皇太子を奉じて東国に赴くことを計画。しかし、事前に発覚、隠岐国へ配流された。

ているわけではない。最初に高丘親王こと真如の生涯の概略と事績を記しておく。

その特異な存在の故に、入唐八家には含まれないが、遣唐使節が廃止になる直前に私的に仏教使節団を率いて入唐した真如は、先にも触れたように、平城天皇の第三皇子として生を受けた。高丘（岳とも）親王、もしくは出家して後は頭陀《ずだ》親王とも呼ばれる。母は、正四位下の伊勢老人《いせのおいと》の女《むすめ》・継子《つぐこ》である。大同四年（八〇九）四月、平城天皇が弟の嵯峨天皇に譲位するとともに皇太子となったが、薬子の変によって廃された。その後しばらく無品《むほん》親王にとどまり、弘仁十三年（八二二）正月に四品に叙されたが、まもなく出家して東大寺に入った。当時の法名を真忠といい、後に真如と改めた。最初は、東大寺の道詮のもとで三論を学んだ。のちに空海について密教を学ぶが、空海の室に入るのは、父である平城上皇が弘仁十三年（八二二）に東大寺真言院で灌頂を受けたことと連動している。

なお、歴史の皮肉めいた巡り合わせであろうか、嘉祥二年（八四九）に出家した恒貞親王こと恒寂《こうじゃく》に灌頂を授けたのは、同じ境遇を味わった真如その人であった。

南都と深くつながる一方で、真言宗に属する真如の活躍は、父の上皇とともに空海から灌頂を受けたことから始まる。真言僧としての名は、空海死後の翌年、承和三年（八三六）五月に空海の後継者である実恵らが、唐の青龍寺の義明《ぎみょう》に宛てた「真済《しんぜい》、真然《しんぜん》の入唐するに託して、大師の示寂を青龍寺和尚の墓前に報じ、かねて諸《もろもろ》の同法侶に示す書」の中に認めることができる。

真如は、空海晩年に十年余り師事したが、師自身が真言宗確立のために奔走しており、かつ数度の体調不調を訴えた時期でもあったので、密教について本場の中国でさらに深く学び、指導を受けたいと考えていたのではなかろうか。空海の死後、貞観三年（八六一）には入唐の勅許を得ている。

2・真如の強靱な実行力

自らの密教修学のために入唐を思い立った真如であったが、遣唐使節という公式の政治的かつ文化的使節は、通常は天皇・朝廷が発議するものであって、皇族出身とはいえ使節団編成を願えるものではなかった。さらに、受難の承和の遣唐使節が分散したものの、ようやく無事帰国した後は、承和の変の後遺症で、氏族間の権力争いが激化した。実権を握った藤原良房とその子の基経*が事実上、朝廷を牛耳る中で、文徳・清和・陽成*の御代には、遣唐使派遣の声はとうとう上がらなかった。

したがって、この時期に入唐・帰朝した円珍は、往復ともに唐の商人・李延孝の船を利用している。公的なルートに頼ることができない以上、商船に便乗するよりほかはなかったのである。記録によれば、李延孝は仁寿二年（八五二）から斉衡三年（八五六）、すなわち唐の大中六年から同十年にかけて、三度も日本に来航して頻繁に交易を行っていたようである。

そこで真如は彼の船を利用すべく、居住していた奈良の巨勢寺《こせでら》を発って、大阪の難波津に到った。そこまでの間に、宗叡、賢真、慧蕚《えがく》、忠全、禅念など十名を

藤原基経　ふじわらのもとつね　［836〜891］平安前期の公卿。叔父良房の養子となり、29歳で参議、37歳で右大臣となって、良房の後継者となった。陽成天皇が9歳で即位すると摂政となり、太政大臣に昇進した。陽成天皇を退位に追いやると、55歳の光孝天皇を立て、自らは関白となる。仁明天皇の笙《しょう》の師としても知られる。

陽成天皇　ようぜいてんのう　［868〜949］清和天皇の第一皇子。弱冠9歳で即位したが、15歳で元服したのち粗暴な振る舞いが目立ち、乳母を手討ちにしたり、宮中で馬を乗り回したり、小動物に悪戯して殺生を重ねたりした。884年（元慶八年）、基経のすすめで退位した。

越す僧と、『頭陀親王入唐略記』を撰した伊勢興房とその氏人の随行者などが合流した。次節で取り上げる宗叡をはじめとして、当初から入唐の意志を強く持っていたところに真如に誘われて参加した者も少なくないが、私的に入唐手段を工面できたのは、廃太子されたとはいえ、具えていた政治力・経済力、そして行動力のなせる技である。もちろん、現場のスタッフである船頭の高丘《たかおかの》真今《まいき》、柁師《かじし》の張友信、金文習、任仲元の唐人三名や多数の水手《かこ》などの力が必要で、『略記』によれば、総勢六十名を越す大所帯であった。そして、当時は隔年制で大宰府から貢綿（貢ぎ物の綿花）を載せて往来していた二隻の貢綿船の戻り便で大阪の難波津を発ったのが、同年七月十三日。想像以上に順調な旅立ちであった。

　八月九日、一行は大宰府鴻臚館に到着する。「私的渡航」という表現を繰り返し使っているとはいえ、真如は元・皇太子である皇族であり、しかも大集団の旅行であるので、大宰府の官人である主船司《しゅせんじ》（出入国管理者）の香山弘貞《かぐやまのひろさだ》は、真如一行の到着を大宰府政庁に報告している。しかし、到着した時には、李延孝の船はすでに博多津を出て、唐へ向かってしまっていた。通常の渡航希望僧ならばそこで断念してしまうところ、意志と財力の違う真如は、肥前国松浦郡にしばらく滞在し、自力で渡航のための船を一隻新造させている。その仕事を差配したのは、唐通事（唐人の通訳）の張文信であった。

　幸いにこの新造船は半年あまりで無事進水し、用意万端整えた真如一行が通事の張文信を伴って博多津から唐へ向かったのは、難波津を出発してからちょうど一年が経過した貞観四年（八六二）七月中旬であった。最澄・空海のような平安仏教の立役者となった大物僧でさえ、入唐に際しては公的な遣唐使節任せである。それに対して、常に自己決定・自己努力で渡唐を試みた真如は、政権の舞台から下りたとはいえ、歴代の天皇や朝廷からも一目置かれた存在であった。彼が持てる情熱を政治にではなく、宗教へ傾注することに国家もその行動を黙認し、陰ながら支えていたようにも見える。

3・中国密教からインド密教へ

真如一行は、貞観四年九月三日、九州北部の遠値嘉島を出た。船は強い追い風に恵まれて、わずか四日後の九月七日未の刻（午後四時頃）には、明州（現・寧波市）の揚扇山に着いた。約六十年前に最澄・空海が渡唐した時には、それぞれの船は一か月以上も漂流して、ようやくの思いで中国大陸にたどり着いている。風に恵まれたことに加えて、九州で中国船をよく知る実践的なメンバーの力を得て船を造ったことも、好運を後押ししている。

明州で携帯した荷を整理した一行は、以降、越州、揚州、泗州を経由して東都の洛陽に向かう。その間に真如は主に各地の名刹を参詣することに関心を寄せ、同行していた僧の中で、入唐前からすでに学僧の誉れ高かった宗叡は、明州の開元寺で『涅槃経悉曇章《ねはんぎょうしったんしょう》』を書写するなど、聖教や典籍の発見と書写に精力を注いでいる。「後入唐僧正」と尊崇されている宗叡入唐の意義は、次節で別に詳しく触れたい。

　入唐の翌年、咸通四年（八六三）四月に、真如は同行してきた僧俗のうち、賢真、慧蕚、忠全、ならびに柁師、水手などを明州から帰朝させた。このうち、慧蕚には入唐経験があり、普陀山《ふださん》（舟山列島）の観音*信仰を日本にいち早く伝えたという評価がなされている。前回の入唐の時はまさに会昌の法難に巻き込まれ、還俗させられて独特の裹頭《かとう》（頭に布を掛ける）姿をしており、会昌四年（八四四）には白楽天（白居易）の文集である『白氏文集』を書写していたことが知られている。短い滞在ながらも、再びの中国の地に感慨もあっただろう。もちろん、仏典をはじめとして広く中国文化の基礎文献を請来することになる宗叡はまだ同行しており、長安まで行った者も少数ながらいた。ただ、一連の真如の行動を追って考えると、悩んでいた疑問・質問が、洛陽や長安の都で有徳の高僧によって解決されない限り、空しく日本へ帰ることは念頭になかったと思われる。

　さて、明州・揚州と長安との中間地点である汴州《べんしゅう》（のちの開封）で、真如は最大の補佐役であった宗叡と一旦別れ、長安を目指すことになった。現在でもそうであるが、汴州は陸路で洛陽から長安へ達する東西道と、そのまま汴河を遡って黄河に入り、河中府へ向かう南北道の交差点にあたり、今も鉄道の要地として賑わっている。日本を発つ前から、長安での新しい密教の受法と文殊の聖地・五台山巡礼を強く希望していた宗叡は、まず五台山参詣から試みたのである。

　真如の入唐道中に紙幅を使いすぎたようなので、さっそく肝心の本書のテーマ

観音　かんのん　観世音菩薩の略。世間の苦の音声を感じ取って救ってくれる菩薩。慈悲深いほとけの代表とされる。

開封

である日中仏教交流にしぼって、入唐求法の成果の可否を総括しておきたい。

咸通五年（八六四）二月末、東都・洛陽に到着した。一行の同行者数は次第に減っていたとはいえ、それでも随身を含めて十名以上の僧侶が残っていたと考えられる。洛陽には、『大日経』や『虚空蔵菩薩求聞持法』を漢訳した善無畏三蔵の旧院があった。また、洛陽には安国寺や天宮寺などの密教に関わる寺院もあったはずで、滞在中に師を尋ね、教えを聴聞し、講読を受けようとしたはずであるが、真如を満足させる教えを与えてくれる高僧にはめぐり会えなかった。

結果、わずか五日間の滞在で一行は洛陽を後にし、一路、西都の長安へと向かう。一行が憧れの長安城に到着したのは、五月二十一日。明州を経て越州へ向かってから、ちょうど一年が過ぎていた。かつて円珍入唐に伴われた従僧であり、師のライバルで長く唐に留まった円載の従僧となっていた智聡は、円載の指示で一行を越州で出迎え、春明門からの入城を案内したという。帰朝後の円珍が記した辛評ばかりが目立つ円載であるが、真如入唐の報を聞き、唐朝廷への手続や関係各所への請願に奔走し、語学にも通じた朋友の円覚を随伴者として推すなど、一行に対して心を砕く姿を見ることができる。真如一行は、西街の延康坊にある西明寺に落ち着いた。すでに道慈や空海の生涯・事績を紹介した個所でも触れたように、西明寺は日本人学問僧の寄宿先としてよく知られていた。

佐伯有清氏の研究によれば、時の皇帝・懿宗《いそう》（在位八六〇～八七三）は、日本の皇族の真如が新たな仏法を求めて入唐求法した熱意に感激し、ある阿闍梨に乞

普陀山［秦孟瀟主編『中国仏教四大名山図鑑』（柏書房）より］

うて、真如の仏教教義に関する疑問を晴らすように指示したという。ところが、六か月も経って寄せられた回答は、決して真如を満足させ、啓発させるようなものではなかったようだ。この「阿闍梨」が一体誰なのか。未だ確定は見ないものの、時代的前後関係からみて、円仁・円珍・円載・宗叡のいずれとも接触のあった青龍寺の法全、もしくは大興善寺の智慧輪《ちえりん》であった可能性が高い。中国仏教を一時的に瀕死の状態まで追い込んだ会昌の法難の後、日本では円仁・円珍・安然による密教教義の体系化が活発に行われたのに対し、中国では寺院や仏像の復興はある程度までなされたが、人脈・法脈の再構築には非常に難渋した。空海の師・恵果が確立した精緻な両部密教も、急速に衰えていったのである。そして幾多の入唐学問僧の中でも、まさに孤高の位置を占める真如は、その最期も他の追随を許さない劇的なものであった。

真如は、未整理であった雑密の時代に遡った感すらある晩唐期の中国密教に満足せず、僅かな伴僧だけを連れて、さらに法を求めて中国南端・広東へ赴いた。その地から、帰国準備のためにすでに揚州まで下っていた筆頭随行者の宗叡と随臣（家来）で『略記』の撰者・伊勢興房に書状をしたため、早く李延孝の船まで出向き、その船で帰朝するように厳命した。両名は唐商船に便乗し、順風を得て、僅か五日四夜で九州北部の遠値嘉島に帰着する。貞観四年（八六二）九月にこの島を発って約三年、実に貞観七年六月のことであった。

一方、真如はその後十年余りの間、まったく消息が途絶えてしまう。ところが、元慶五年（九四二）十月十三日の条を載せる『三代実録』では、羅越国からの風聞として、真如が「逆旅に（旅行中）遷化（死亡）」した旨を伝えている。

悲報をもたらしたのは、遣唐使節の停止のきっかけともなった『録記』を送った在唐中の求法僧・中瓘《ちゅうきん》（生没年不詳）であった。広東からさらに海路天竺を目指したと伝えられる真如の、噂としながらも、記録として確認できる最後の消息である。彼に随伴して西天竺に向かった安展、円覚、丈部秋丸の三名のその後も、杳として足取りは掴めない。

この悲劇には、後日談が付く。正史の『三代実録』には、旅行中に死亡として伝えられた真如の最期は、鎌倉時代に至ると多少の潤色がなされた跡がうかがえる。たとえば、摂政・九条道長の兄である慶政《けいせい》（一一八九〜一二六八）の日記には、

> さて、ようよう進み行くほどに、ついに虎に行偶いて、むなしく命終わりぬ

とあり、真如が東南アジアのベトナムあたりで、虎に襲われて死亡したという物語が広まり、認識されていたことが分かる。真偽を判じるには、史実と伝説・文学の間をどのように調整して答えを導き出すかが問題となるが、この点の検討は本書のテーマからは少々逸脱するので、記載の紹介だけにとどめておこう。

日中仏教交流史の観点から言えば、真如入唐の時代も引き続き中国側からの情

報発信が主導ではあるが、中国そのものでの各種仏教の変容、栄枯盛衰もあって、必ずしも中国から日本への知識の一方通行ではなく、仏教、あるいは一部の文化では逆に日本の実績成果も無視できない段階に差し掛かっていたといえよう。鮮烈な真如の生涯は、それを体現している感がある。

二、入唐学問僧の幕引き――宗叡

入唐八家の掉尾を飾るのが、禅林寺僧正、円覚寺僧正とも呼ばれる宗叡《しゅうえい》（八〇九〜八八四）である。前節の真如法親王の個所でも触れたが、彼の具体的な入唐渡航には、強大な政治力、財力、そして行動力を持つ真如の計画に乗ってそれを補佐した「案内者」的役割の宗叡の姿が垣間見られる。けれども、後世に入唐八家としてその最後に位置することになったこと、唐朝最後期に大量の聖教と幅広い文化的資料を持ち帰っていることから、とくに重視され、「後入唐僧正《ごにっとうそうじょう》」とも呼ばれている。

真如に関連した宗叡の入唐の動機の一つとして「五台山巡礼」をのちに取り上げるが、私見では、もう一つ大きな密教学的な問題があったと考えている。すなわち、新様の曼荼羅の請来である。この点を解明するために、まず宗叡の生涯の軌跡を明らかにしておきたい。

宗叡は、京師（京都）の人。名門池上氏の出身で、空海の孫弟子の中でも著名な真紹《しんじょう》（禅林寺開基）の甥にあたる。名を挙げた高僧の周囲にその兄弟や甥たちなどの親族が集まるのは、空海の例をはじめとして、古代期には顕著に認められる傾向である。同族氏族集団による宗団形成の一例ともいえる。

十四歳で比叡山に登り、戴鎮《たいちん》に従って出家し、修道した。天長八年（八三一）に受戒して叡山座主の義真に天台を学び、天安五年（八六三）には、円珍から金胎両部の大法を受けた。また、南都の興福寺の義演から法相を学ぶなど、平安前期の天台・真言僧に特有の顕密双修に精進した。その後、伯父の禅林寺真紹の紹介と勧めもあって、東寺の実恵の門に入って金剛界の大法を受け、さらに真紹から阿闍梨位灌頂を受けた。天台宗（台密）の僧から真言宗（東密）の僧へと、その軸足を変えたのである。

宗叡が台密から東密へ世界を変えたことは、その密教の内容を拡げ、かつ深めていった点においては大いに意義があったが、後世に真言宗内で法脈・血脈が論議される場合には、一種の宗旨替えという否定的な評価を受け、仁和寺*（御室）などの相承系譜では、最初は本流におかれていたものの、少し時代が下がる頃にはまったく支流・末流に配され、極端なケースではその存在自体を抹消されることともなった。

もっとも、歴史的に見れば、天安二年（八五八）に即位した清和天皇の寵遇を受け、幾度かの加持祈祷も行っている。有名な東寺の伝真言院両部曼荼羅の成立に関する柳沢孝氏の説を借りれば、現存最古の彩色両部曼荼羅であるこの中幅（中程度の大きさ。縦一八三・〇センチ、横一五四・〇センチ）は、昭和四十年

仁和寺　にんなじ　京都市右京区にある真言宗御室派の総本山。光孝天皇の勅願で宇多天皇の代に落成。宇多天皇は譲位後、出家して仁和寺一世になり（門跡寺院の最初）、御室を設けて法務を執ったので御室御所とも呼ばれた。応仁の乱で焼失、江戸幕府三代将軍徳川家光が再建した。

宗叡　［白描先徳図像（重文）／東京国立博物館所蔵］

代の中頃、石元泰博氏の大判カラー写真から成る豪華な写真集とその写真展（池袋・西武美術館、大津・西武百貨店で開催）によって、今日の「マンダラ・ブーム」の端緒となったと言っても過言ではない。

しかし、描かれている両界各尊の図像表現と表現様式は、今も日本のマンダラ学の正統派となっている「現図曼荼羅」とは大きく異なっている。この点に関してはいくつかの解釈が可能であるが、美術史学者である柳沢氏の説によれば、天安二年（八五八）、帰朝した天台宗の円珍は、両部曼荼羅をはじめ持ち帰った請来資料の一部を、時の清和天皇の天覧に供した。その円珍請来曼荼羅（円珍『日本比丘円珍入唐求法目録』によれば、大毘盧遮那如来大悲胎蔵曼荼羅橙　一鋪五副と金剛界九会曼荼羅　一鋪六副）は、円珍が在唐中の大中九年（八五五）に中国僧の法全和尚の監督下で画工・刁慶《ちょうけい》等に図絵化させたものという。

宗叡は、円珍から金剛・胎蔵両部の大法を受けているので、いわばかつての師が請来した両部曼荼羅を清和天皇と拝覧したことになる。この頃にはすでに真言宗に転じた後であり、両宗がライバル関係にあることも影響し、空海以降さらに発展した両部曼荼羅を中国から請来する必要性を痛感したことは容易に想像できる。なぜならば、空海以後、密教の根幹となる両部・両界曼荼羅の新しい展開を持ち帰ったのは、円仁・円珍の天台宗の二僧に限られており、常暁・円行・恵運の真言三僧は、太元帥明王・仏舎利・五大虚空蔵*など、それぞれ個別的には特色ある仏教・密教を請来したものの、あくまでもそれらは体系的な両部密教ではな

五大虚空蔵菩薩　ごだいこくうぞうぼさつ　五体の虚空蔵菩薩からなるグループ尊。金剛界五仏を意識し、増益、息災などの修法に用いられた。

五台山

かったのである。入唐を希求した宗叡の渡唐については、真如法親王が企てた私的な求法団に誘われて（あるいは指示されて）他の有力僧たちと共に、いわば侍者的な存在として参加したものと思われる。

宗叡が自らの希望によって実行した最初の行動は、汴州（開封）から真如たち一行と分かれて、文殊菩薩の聖地・五台山へ参拝したことである。中国では北魏時代末からすでに聖地として認識されていた五台山の評判は、奈良時代後半にはわが国にも伝わっていた。多くの入唐僧・入宋僧の中でも、円仁・恵運・霊仙・奝然《ちょうねん》・成尋などは、最初から五台山巡礼を渡航目的として高く掲げていた。宗叡もその一人に数えることができるが、残念ながら彼には在唐記に類する著作がないことから、具体的な参詣の模様を詳しくうかがい知ることはできない。

密教僧、つまり阿闍梨としては、宗叡は真如よりもはるかに経験を積んでおり、両者が行程を分けた汴州では、宗叡の伝記である『禅林寺僧正伝』に、

初め汴州の阿闍梨玄慶に遇い、灌頂を受け、金剛界法を習う

とあるように、この地で金剛界法系の密教を受けている。

日本では空海がもたらした両部密教が行われており、宗叡自身、台密に入って間もない頃に円珍から金剛・胎蔵の両系統の密教を授かり、また少し経ってから東密の真紹からやはり金胎両系の密教を受けている。ところが、汴州で金剛界法

の密教のみを受けたということは、青龍寺系の両部密教が広く普及しておらず、むしろより強力な金剛界系密教のみが中国各地に広がっていた証左だと考えられる。

　五台山巡礼を終えての帰路、長安に入る前に洛陽に立ち寄っている。大聖善寺の善無畏三蔵の旧院に入って、その門徒（弟子）から善無畏が用いていた密教法具の金剛杵、ならびにインド伝来の梵夾《ぼんきょう》（梵語のテキスト）などを授けられたという。宗叡の請来目録にあたる『新書写請来法門等目録』には、すでに先輩の常暁が持ち帰って一足早く日本で弘めていた「太元帥禎子《たいげんていし》」（額装の太元帥画像）の他、善無畏がかつて住していた善無畏三蔵院では、「胎蔵壇面苗子《たいぞうだんめんびょうし》」、つまり胎蔵曼荼羅の簡略な白描《はくびょう》曼荼羅（線画の曼荼羅）を手に入れたと記している。

　宗叡入唐時の密教は、恵果が確立した金剛・胎蔵が強固に統合止揚された両部密教が主流ではなく、むしろ逆に各自の系統に再分離した観が強い。これも晩唐密教の特徴の一端であろう。

　五台山から洛陽経由で主たる目的地である長安に向かった宗叡が、長安城で真如一行と合流した日付は明らかではない。田島公氏の研究等では咸通五年（八六四）七月頃とする（「真如（高丘）一行の「入唐」の旅」『歴史と地理』五〇二）が、宗叡の目録には、咸通五年六月二十八日に新写したという内容の奥書を持つ儀軌が存在するので、五台山巡拝はそこそこに一路、真如一行の後を追った宗叡の姿が浮かび上がってくる。

長安での宗叡は、多くの新規の密教経軌の書写に専念した。宗叡の『新書写請来法門等目録』に記載されている「宝蔵天女陀羅尼法　一帖」の奥書には、

咸通五年七月一日、上都左街安邑坊の超家に於いて、之を写す。比丘禅念書

とあり、安邑坊の超氏の宅に留まって、禅念という僧が書写に務めたことが記されている。

さて、後入唐僧正と尊称される宗叡の、肝心の長安での密教受法はどうであったのか。正史である『三代実録』の元慶八年三月二十六日丁亥の条に、宗叡の卒伝が記される。そこには、

青龍寺に至り、阿闍梨法全に随って重ねて灌頂を受け、胎蔵界の法を学びて、その殊旨を尽《きわ》む。阿闍梨、金剛杵《こんごうしょ》ならびに儀軌、法門等を宗叡に付属《ふしょく》し、もって印信《いんじん》に宛つ。更に慈恩寺の造玄、興善寺の智慧輪等の阿闍梨を尋ねて、秘奥《ひおう》を承受し、幽賾《ゆうさく》（深遠な道理）を詢求す。

と、長安における行動をうかがうことができる。

空海がかつて金剛・胎蔵両部の密教を受けた恵果の寺・青龍寺は、会昌の法難（八四二～八四六）で荒廃してしまったが、次の文宗皇帝の代で復興され、恵果

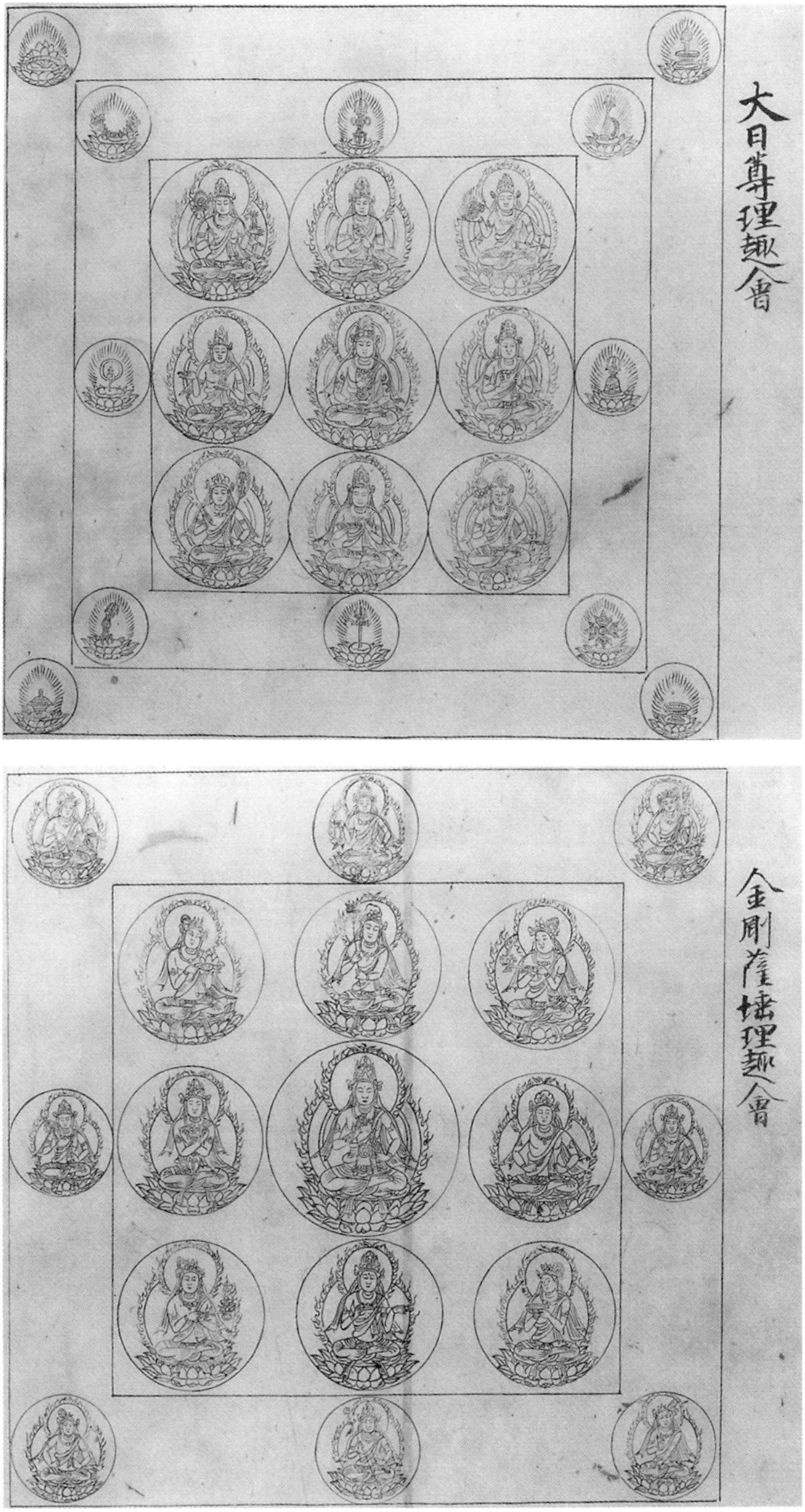

宗叡請来の理趣経曼荼羅［高野山・親王院所蔵］

の最盛期の随行沙弥であった法全阿闍梨が細々と胎蔵系の密教を中心に守っていた。また、不空三蔵の故寺である（大）興善寺は、晩唐の有力僧・智慧輪が、主に金剛界法（金剛頂経系）の密教を伝えてきた。智慧輪は、近年、西安市の西にある扶《ふ》風県《ふうけん》で発掘された法門寺地下宮殿から出土した貴重な宝物数点の中に、その名前を認めることができる。

法全も智慧輪も、円珍が果敢に質問を繰り返し、真如も教えを受けた高僧であり、宗叡も長安ではこの二僧について金胎それぞれの教えを乞うている。資料重視の仏教学的手法に親しんでいた宗叡は、批判的な見解は全く述べずに、あるがまま受け入れて吸収することを是としたが、教義的体系の整った空海密教、さらにはそれを乗り越えるべく教理体系の整備された円仁・円珍の台密論理をも知悉していた真如の目には、ひとたび恵果・空海によって体系化・止揚されていた両部密教とは異なる晩唐期の密教は、たとえ実践・儀礼的には複雑化していても、強固で緻密な理論体系として十分に満足できるものには映らなかった。

では、宗叡は唐代密教の枝葉末節化をどのように克服しようとしたのか。私見ではあるが、宗叡はある分野において問題を特化して突破しようとしたと考えている。それは、恵果・空海の密教のように、再び金剛・胎蔵の両部を統合しようとするのではなく、むしろ『金剛頂経』系の密教をベースとしながら、大乗仏教以来の『般若経』の空の思想*と、煩悩即菩提*の教えを有機的に結合させた『理趣経*』とその曼荼羅を重視した点を指摘しておきたい。

空の思想　一切のものはすべて因縁より起こるもので、我体、実体というものはないという考え方。仏教の基本的思想の一つである。

煩悩即菩提　ぼんのうそくぼだい　煩悩は身体や心を悩ませ、煩わせかき乱し、惑わす精神作用をいう。限りなくある煩悩を絶つことを仏教は目指すが、反面煩悩のない人はあり得ないから、煩悩をあるがままの姿として捉え、空の思想を通してそれに悟りへの道を見いだすのが煩悩即菩提の思想である。

理趣経　りしゅきょう　大日如来が般若理趣（般若は知恵、理趣は道理）の立場から、本来すべては清浄である理を説いたもの。人間の欲望も般若の知恵で価値転換すれば、清浄な菩薩の位になるとする。

宗叡は、地味ながらもやはり広く深く密教の知識を有していた。したがって、日本を発つ前に庇護者である清和天皇とともに円珍新来の両部曼荼羅に触れ、入唐の意志を固めたであろうことを取り上げたが、『新書写請来法門等目録』を見ると、次の二種の曼荼羅を持ち帰っていることが分かる。

金剛界曼荼羅　苗子*一張
胎蔵羯磨会　苗子一本

これらがいかなる内容のものか必ずしも十分に明らかにされていないが、平安時代中期、宇多天皇の第三皇子である真寂《しんじゃく》法親王（八八六〜九二七）が、三系統ある胎蔵曼荼羅の相違について、各尊の図像と彩色等から分類した名著『諸説不同記』（略称）において、以下のようにその系統を整理している。

(1)　現図曼荼羅　　　空海系
(2)　山図曼荼羅　　　円仁、もしくは円珍系
(3)　或図《わくず》曼荼羅　　　宗叡系

第二の山図と第三の或図が、具体的にいかなる曼荼羅を指すのかは未だ議論が続いているが、宗叡が祖師・空海入唐時よりも多様化していた両部曼荼羅（とく

苗子　原則として線描画（白描画）を指す。

に胎蔵曼荼羅）の体系化と整理の必要性を感じていたことは事実である。

他師のそれとは異なり、宗叡の目録では、巻末に集中していわゆる「雑書」を列挙する。すべてを詳細に紹介する余裕はないが、最初に掲げられている『都利聿斯経』は、東洋天文学に詳しい矢野道雄氏が指摘するように、ギリシア系占星術とも関わる天文経典の漢訳である。また、『秘録薬方』は、書名から推して中国医薬書、『唐韻』や『玉篇』は漢語の字典類であったことは想像に難くない。現存する同一書物との確認は容易ではないが、仁和寺に伝わる一群の中国医薬書、同じく洛北の高山寺に遺る『玉篇』等との詳細な検討と研究が必要になろう。

仏典に限らず、広く中国文化の基礎文献を請来しようと努めた学僧・宗叡の意欲的な姿勢は、文化の表層ともいうべき思想・宗教・美術の枠を超えて、王朝が替わった後の宋代の渡海僧たち、すなわち入宋僧の活躍とその意義をさらに広め、かつ深める導火線となったのである。

第八章　唐から宋へ

一、王朝と文化の大変化

七世紀の中葉から十世紀の初めまでの約二百五十年、中国大陸のすべてを支配下に収めた大唐帝国を政治体制的に呼ぶ場合、古代律令国家、もしくは貴族王権国家と呼ぶことが多い。後者の点から先に説明すると、唐朝は李一族がいわゆる皇帝となり、世襲されていくが、同族の中で能力のある者が王侯となり、中央行政の中枢を受け持った。また、宋代のような強力な官僚制度は確立されていなかったが、前期の皇帝たちは人材登用の目があり、宰相に任命された良吏たちは、前期には均田制を基盤とする租庸調《そようちょう》制、中期には両税法*などの新法を実施し、唐朝の財政を比較的健全に支えた。

律令制は、周知のように日本の奈良朝が全面的に取り入れ、平安朝の前期でも一応その応用組織が採用された。戸部・法部・刑部などの六部《りくぶ》を中心にとした中央官庁組織であったが、宋朝のように科挙試験で出世した有能な官僚が政策を競うよりも、李氏の諸王が交替で割りふることも多く、次第に組織が弱体化してくるのも止むを得なかった。しかし、唐朝前半期は、軍事権も皇帝直属の近衛軍（禁軍）が中心であったこともあり、一部の宦官の跋扈を許すことはあったが、安史の乱（節度使等の反乱）までは、国家的統制が行き届いており、治安のしっかりした自由で国際的な雰囲気の長安城であり、かつ大唐帝国であった。

その制度を反映して、文化も比較的自由で、とくに文学と芸術の面で豊かな内

両税法　唐の税法。宰相楊炎の提案。夏秋の両収穫期に各戸の収穫に応じて一括徴収する税の納入法。8世紀末以後、従来の租庸調および雑徭制にかわって施行された。

容を誇っていた。端的にいえば、王侯と貴族を中心に置いたインターナショナルな文化であり、その一端が、各種の大乗仏教がそれぞれ見事な花を咲かせた仏教各宗、各派が長安や洛陽の寺々、さらには揚州・楚州・明州・台州・福州などの地方の寺々を中心に人びとに支えられていたのである。

こうした大唐の華々しい仏教が、数多くの入唐学問僧や一部唐から日本に戒律などの個々の仏教をもたらした渡来僧たちによって伝えられた個々の例とその歴史的役割は、各章において詳しく取り上げてきたところである。

このような大唐仏教の個々の展開といえる各種各様の仏教が、それぞれの学問僧たちによって日本に伝えられ、より内容のある学派・宗派を築き上げたことは事実であり、そういう仏教が基盤になった現在の日本の奈良・京都の大部分の寺院の仏教は、大唐文化との接触とその影響を抜きにしては成り立たない。

ところで宋代以降の新文化、とくに庶民仏教・個人仏教の側面が禅仏教の日本紹介と相俟って、鎌倉・室町期の武家政権（鎌倉幕府・室町幕府）の動きと文化に決定的影響を与え、庶民文化の一翼を仏教文化が支えているという見解がある。

かかる見解は、日本では東洋史（とくに中国史）研究の大家であった宮崎市定博士をはじめ、一部の先学や多くの外国人研究者に見られる。極端な例でいえば、書・花・茶などの修練（道）をすべて宋代以降の禅仏教まで下げようとする無理な速断も認められるが、いずれの要素も唐代にはすでに開花しており、日本に伝えられている。もっとも、唐代に盛んになった書・茶などの技術と修練は、宋代にはより深められたことは事実であり、次に宋代仏教、広くは宋代文化の特徴を考えてみよう。

黄巣の乱*を直接の契機として、長く続いた大唐帝国もついに滅んでしまった。最後の皇帝を殺した朱全忠は、（後）梁を建国し世祖となったが、国民の人気があったのは最初のうちで、以後、唐・晋・漢・周の計五国が相次いで国を興したが、制度的内容を伴わず、いずれも二〜三代で次の国に取って替わられている。

ただ、歴史の流れとして巨視的にいえることは、広大な中国国土のうちの政治的・経済的中心地が、中国西部の黄河（渭水）上流地域の漢中地方（長安を含む）から、黄河（汴河を含む）中流地域の汴州（開封）や北方の晋陽（太原）地方に移ったことである。

そののち北方異民族との関係から、元朝から明朝にかけて、都はより北方の燕京（北京）に移るが、開封に都を置いた宋朝は、のちには遼・金などの北方異民族との領土抗争に苦しみながらも、北宋として約百五十年の比較的充実した政治を行っている。また芸術を愛した風流皇帝の徽宗《きそう》が、金によって北方に連れ去られた靖康の変*（一一二六）以降、江南の杭州に都を移したいわゆる南宋も、次第に国力を疲弊させながらも、辛うじて国家を維持できたのは、宋朝は唐朝とは異なった新しい政治・経済機構とそれによって生み出された新たな文化を培っていたからである。宋朝を建国したのは、初代の太祖趙匡胤《ちょうきょういん》であるが、実際の筋書きを書き、実行させたのは弟の趙匡義（のちの太宗）であったことは、よく知ら

黄巣の乱　875〜884年に起きた中国農民の反乱。河北で反乱が起きると、山東の黄巣も呼応、四川以外の中国全土を巻き込んだ大騒乱となった。のちに唐朝が滅びる一因となった。

靖康の変　北宋時代末の靖康年間（1126〜27）、首都開封が金軍の攻撃を受けて陥落し、皇帝が連れ去られて北宋の滅亡と南宋の成立をもたらした事件。

れている。とくに太宗は国家の充実と安泰に力を注ぎ、年号を「太平興国」と改め、かつ知識人と僧侶を集め、史書・辞典の編纂や経典の翻訳を官立で行ない、いわゆる文化政策で知識人等の不満を吸収した。

そして、唐朝のように同族の王侯・貴族で政治体制を維持・運営しようとするよりも、むしろ科挙という官吏登用試験を用いて優秀な人材を集め、いわゆる行政職として能力を発揮できる制度を作り上げた。歴史研究者は、宋代の科挙制度によって有能な官僚集団を形成した人びとを「一代貴族」と呼んでいるが、確かに家柄や世襲制によるものではなく、知的能力と行政能力によって成功した階級の人びとを別に「士大夫《したいふ》」と総称している。彼らは、古代中国の孔子以来、脈々と流れている儒教の徳を拠り所とする文人政治を規範としており、宋代後半から明代に流行した朱子学に傾倒する者が多い。

仏教の側からいえば、儒教の中でも一種の原理主義にあたる朱子学に接近することは容易ではないが、逆に原理・原則に縛られない空・無を逆説的に主張する禅仏教が、士大夫階級の間でも関心を持たれるようになった。中国仏教における禅仏教の歴史と意義は次節で取り上げるが、非常に内容が広い唐代の仏教に対して、宋代の仏教は逆に禅と念仏（浄土）という成仏にいたる二つの異なった道のうち一方を選びとるという志向が強い。この傾向は、日本の鎌倉仏教とよく似ているだけでなく、士大夫のインテリ志向を満たすものであった。

宋代の文化を語るもう一つの要素は、知識階級と呼ぶべき士大夫階級とは別に、もっと無名の大衆レベルの庶民も文化を持てるようになったことである。それは中国を事実上支えた農村経済の発展が大きく預かっているが、仏教の側からいえば、難しい教義理解は必要でなく、「ただ坐る」禅、もしくはさらに「易行《いぎょう》」の念仏による往生信仰である。中国でのその萌芽は、唐よりも前から見られたが、一般大衆の間に定着し、中国の信仰生活の中核にある祖先崇拝と一体化して中国宗教を代表するようになるのは、むしろ明代になってからである。

二、禅仏教の中国展開

唐代仏教ですでに存在し、かつ一部で重要な祖師も輩出していたが、むしろ宋代、もしくは明代から爆発的に大流行したのが、禅仏教と念仏（浄土）仏教である。約二千六百年前にインドで初めて仏教が説かれたときから、仏教の必要三要素として戒（戒め）、定（禅定）、慧（智慧）の三学（学ぶべき三条件）が説かれており、逆にいえばいかなる仏教であっても、その中に精神集中にあたる禅が含まれていた。

しかし、ある頃からそれをとくに専門とする僧がいたようであり、六世紀初め頃に南インドから中国に来たという菩提達磨《ぼだいだるま》*が神秘的な伝承とともに禅を中国に伝えた初祖にまつり上げられている。この達磨禅の特色は、思想的には大乗経典の『般若経』などの中心教義となる空・無相・無願などの空観を思念の対象としてひたすら坐禅することにあり、典拠経典としては『楞伽経《りょうがきょう》』などを重視した。

菩提達磨　ぼだいだるま［生没年不詳］中国禅宗の始祖。6世紀頃の人。インド王族の出ともバラモン出身ともいわれる。海路中国に入り、洛陽に来て嵩山少林寺で壁に向かい座禅し、面壁九年の伝説を生んだ。少林寺拳法の祖ともいわれ、日本では七転び八起きの人形として民間に親しまれた。

［達磨図　祥啓筆　南禅寺所蔵］

この系統には、弟子入りするために自らの腕を断ち切ったという説話を持つ第二祖の慧可《えか》をはじめ、傑材が輩出し、世に北宗禅と呼ばれる禅の主流派を作り上げた。盛唐から中唐にかけて活躍した神秀の弟子普寂は、則天武后や中宗の尊崇を受けたという。南宗禅と北宗禅の対立は、教義的には頓悟《とんご》（すぐに悟る）の南宗禅にたいして、漸悟《ぜんご》（ゆっくりと悟る）の北宗禅といわれるが、いずれにしても現実を重視し、煩瑣な思弁よりも単刀直入に真理を追究することを好む中国の人びとには、禅仏教は非常に魅力的であった。

もっとも禅仏教は直感的であるだけに個人主義の傾向が強く、しかも師と弟子との精神的つながりを絶対視するため、求心力よりも遠心的・分派的傾向が強い。その中で僧堂禅、つまり出世間の山林で禅のための僧院を作って共同生活を行うタイプの禅仏教を確立したのが、唐中期の百丈懐海《ひゃくじょうえかい》*（七四九〜八一四）であり、彼の著した共同生活の規範集である『百丈清規《しんぎ》』は、今も永平寺などの入山修行に生かされている。百丈懐海は、事実上、中国禅の確立者であったが、その弟子や孫弟子の系譜から中国禅の名門であり、そのまま日本禅の源流となった臨済《りんざい》宗《しゅう》と曹洞宗《そうとうしゅう》の二派が誕生することになる。

禅宗史は、その思想的明快さに比して、非常に複雑で、しかも無味乾燥なので要点だけをあげると、懐海の門下に潙山霊祐《いざんれいゆう》と黄檗希運《おうばくきうん》のすぐれた二人の弟子があり、そのうち黄檗の系統に臨済義玄《りんざいぎげん》*（?〜八六七）が出て、徹底した自由人を主張する臨済宗を形成した。一方、百丈懐海の師にあたる馬祖道一《ばそどういつ》の系統に

百丈懐海　ひゃくじょうえかい［720?〜814］中国唐代の禅僧。洪州の百丈山に住んだのでこう呼ぶ。禅寺生活の規則を制定した『百丈清規』を著した。

臨済義玄　りんざいぎげん［生年不詳〜867］中国唐代の臨済宗宗祖。鎮州の川の畔に小さな庵を建て、「川の畔に臨んで衆生を利済する」の意味から臨済院と名付けた。『喝』で弟子を教え、『臨済の喝』と恐れられ、臨済将軍ともいわれた。

洞山良价《とうざんりょうかい》＊と弟子の曹山本寂《そうざんほんじゃく》が新思想を確立するとともに行持綿密（厳しい行をおこなう）の宗風を確立した。これによってわかるように、「曹洞宗」とは、それを形成した二人の禅僧の道号を複合した宗派名であり、「臨済宗」とは、直接の宗祖となった禅僧・臨済義玄の道号を使用したものである。

臨済宗と曹洞宗は、遡れば南宗禅の系統に属するが、中国においても内容と悟りへの方法が大きく異なっている。それは、日本に伝えた栄西（一一四一～一二一五）と道元（一二〇〇～一二五三）という二人の禅僧の個性によるものだけでなく、中国において「頓悟（速い悟り）」を目指すという意味で同じ禅宗であっても、その具体的実践方法そのものが相違している。

その違いを端的に示す術語として、曹洞宗の系統に「黙照禅《もくしょうぜん》」、そして臨済宗の系統に「看話禅《かんなぜん》」がある。二つの言葉は、それぞれの宗派を全体的に語るものではなく、各派中の特定の禅僧の主張した「禅」の方法論であるが、要点をよくついている。曹洞禅は、あえて言葉や論理の桎梏を断ち（不立文字《ふりゅうもんじ》）、ただ静かに坐禅することを通して、超越的に大悟するという。他方の看話禅は、文字の示すごとく（話を看る）、『碧巌録《へきがんろく》』などの禅の語録や公案などの言葉による考察を進めながら、必ずどこかでその限界・無意味性を直観するプロセスを用いる。宋代の士大夫の一部が臨済禅に親近感を覚えたのは、決して偶然ではない。

そのほか、特化したり尖鋭化する思想傾向の強い禅仏教にあって、宋代の永明延寿《えいめいえんじゅ》（九〇四～九七五）は、総合主義の立場から禅浄一致（禅と浄土の融合

洞山良价　とうざんりょうかい［807～869］中国唐代の禅僧。江西省の洞山で法を広めた。弟子の曹山本寂とともに曹洞宗の祖とされる人物。

信仰）を説いた。また、この流れは明代の雲棲袾宏《うんぜいしゅこう》（一五三五～一六一五）、紫《し》柏真可《はくしんか》（一五四三～一六〇三）などによって先祖崇拝をも含んで普遍化され、中国の庶民仏教の基盤となるのである。

三、禅仏教の波状伝来

日本に禅を伝えた最初として、白鳳時代に入唐した道昭や天平時代に中国から律・華厳を伝えた唐僧の道璿《どうせん》をあげることも可能だが、彼らは必ずしも禅の専門家ではなかった。九世紀の中頃、嵯峨天皇の后・檀林皇后《だんりんこうごう》（橘 嘉智子《たちばなのかちこ》）は、中国から禅宗の僧を招こうと発願し、その役を何度か入唐・帰朝の経験のある慧蕚《えがく》に依頼した。入唐八家に関連してすでに触れたが、慧蕚は台州の普陀山の観音信仰を伝えた僧として名を残している。

慧蕚は、承和六年（八三九）、遣唐使の戻り便を利用して、唐僧の義空《ぎくう》を請来した。皇后は、東寺の西院に彼を住まわせ、その寺として檀林寺を建立したという。義空は、そこで禅法を説き、坐禅を指導したが、修法・修行を数々の仏具や曼荼羅を用いて派手に行なう真言・天台の両宗には対抗できず、数年で布教を諦めて帰国した。

禅仏教における日中交流は、鎌倉時代の初期、禅僧による求法入宋と、主に南宋の禅僧の来朝の二様のケースがあったようだ。そのうち、早く始まったのが、鎌倉時代前期の日本僧の入宋である。

日本から入宋僧が、唐や北宋の時代とは違ったタイプの仏教、言葉を変えれば平安時代に日本に伝えられ、定着した仏教とは少し異なった個人主義的色彩の強い仏教を求めて日本仏教のふるさとである中国に再び渡るようになるのは、宋朝が北方の金国の侵攻に耐え切れず、都を浙江省の杭州に移した南宋の時代になってからであった。その嚆矢（最初）となったのは、宋朝禅導入の始祖とあがめられている栄西（一一四一～一二一五）とそれに続く東福寺開山（開基）の円爾《えんに》（一二〇二～一二八〇）、そして日本禅宗の中でも全国的に広まった日本曹洞宗の開祖の道元（一二〇〇～一二五二）である。

栄西は、備中（岡山県）吉備津《きびつ》神社の社司（神官）賀陽《かや》氏の出身。のちに鎌倉新仏教をそれぞれ興していく法然*・親鸞*・道元・日蓮*などの祖師と同じく、当時の日本仏教の学問所というべき比叡山で仏教を学んだ。当時の比叡山（天台宗）は、教（法華経）・戒（大乗戒）・禅（止観行）・密（台密）の諸要素を兼ね備えた一種の総合大学であり、ある意味では包容力のある仏教であったが、建仁三年（一二〇三）の鎌倉幕府成立以来、いわゆる武家政権の時代になり、一般の人びとの自然主義的・個人主義的思潮が強まってくると、比叡山の仏教はどうしても一部の権門貴族の関係者が重要な地位を独占し、宗教的な清新性と活動性が失われつつあると思われても仕方ない状況であった。

そこで、表向きは天台と戒律の学修を掲げて入宋した栄西は、二十八歳のとき、入宋してまず天台山に巡礼し、江南地方全域において新しいタイプの禅仏教、と

法然　ほうねん［1133～1212］鎌倉時代の僧。浄土宗開祖。美作（岡山県）の人で、父親が夜討ちをかけられ死去したのを機に9歳で出家、13歳で比叡山へ登り、諸師に学び、1175年（承安五年）比叡山を下り、京都で浄土宗を布教。天皇、公家から遊女、盗賊まで教化したのは有名。

親鸞　しんらん［1173～1262］鎌倉時代、浄土真宗の宗祖。京都の日野有範の子として生まれたが、9歳のときに慈円のもとで出家。比叡山で修行ののち法然の弟子になった。関東や京都で布教、多くの弟子を育てた。恵信尼などと結婚。『教行信証』など多数の著述を遺した。自ら一宗を開く意思はなかったといわれるが、その教えが浄土真宗となった。

日蓮　にちれん［1222～1282］鎌倉時代、日蓮宗開祖。安房（千葉県）の人。12歳で天台宗清澄寺に出家。仏教界や社会の現実に疑問を持ち、比叡山などで修行したが、『法華経』こそ真実の

くに空思想と坐禅行の双修を説く臨済宗が盛行していたことに深い感銘を受けた。ただ、このときは諸般の環境がととのわず、わずか六か月で帰国の途に着かざるを得なかった。約二十年後、栄西はすでに四十七歳になっていたが、待望の二度目の入宋を果たし、天台山万寿寺に臨済宗黄龍《おうりょう》派《は》の虚庵懐敞《きあんえじょう》を訪ね、その門下となった。四年間の修禅ののち、ついに師の印可《いんか》（免許皆伝）を得て、伝法の証として法衣を授かった。ここに、新しい制度と儀礼を完備した中国禅のうち、主流派にあたる臨済禅が日本に伝えられたのである。

　帰国した栄西は、まず肥前平戸（長崎県）に入り、日本で初めて禅規《ぜんき》（禅宗の規範）による僧堂生活を行なったという。従う人数はわずか十数人であったが、ここで初めて「不立文字・教外別伝《きょうげべつでん》・直指人心《じきしにんしん》・見性成仏《けんしょうじょうぶつ》」という中国禅の精神が体系的に標榜された。また、中国禅の日本伝来が九州を窓口として始まるのは、その地理的位置からむしろ当然のことであり、中国仏教の最後の伝播であった江戸時代の隠元《いんげん》＊禅師（一五九二〜一六七三）による黄檗宗の伝来も、長崎の興福寺から始まっている。

　栄西は、京都での禅宗の教化を願っていたが、比叡山などの旧仏教勢力に阻まれ、数年ののち新興武家政権の本拠地である鎌倉に向かい、幸い二代将軍である源頼家＊の深い信頼を得た。そして、正治二年（一二〇〇）には、尼将軍北条政子＊の発願で寿福寺の開山住職に迎えられた。加えて、京都に年号にちなむ大寺・建仁寺が建立されたのも栄西の影響力があったといわれている。

教えであると信じ、1253年（建長五年）清澄寺へ帰り、日蓮宗布教の第一歩を踏み出した。『立正安国論』を著すなど、諸宗を批判したため伊豆や佐渡へ流されたが、固い信念で布教を続けた。

隠元　いんげん［1592〜1673］わが国黄檗宗の祖。明の福州、黄檗山で修行していたが、63歳で日本僧の招きで来日、将軍家綱から宇治に土地を提供され、万福寺を建立。念仏禅を宗風とした。普茶料理を伝え、本国から持参した豆は「隠元豆」として日本に定着した。

源頼家　みなもとのよりいえ［1182〜1204］鎌倉幕府第2代将軍。源頼朝と北条政子との長男として生まれた。頼朝の死により、1202年（建仁二年）征夷大将軍になった。だが、将軍になって間もなく実権を奪われ、外祖父北条時政以下13人の宿老による合議で物事が決せられた。このため乱行を繰り返し、伊豆修禅寺に幽閉され、のち討手に殺害された。

栄西の高弟栄朝《えいちょう》に学んだ孫弟子の円爾も宋朝禅を求めて入宋し、径山寺《けいざんじ》の無《ぶ》準《じゅん》師範から臨済禅の一流を相承した。帰国後は、やはり九州の博多に承天寺《じょうてんじ》を建立したが、幸い都の九条関白家に縁故があり、洛東東福寺の開山に招かれた。建仁寺・東福寺に見られる大規模な禅宗寺院では、三門（山門）・法堂（講堂）・方丈（庫裏）を南北一直線に並べる伽藍《がらん》様式が形成され、室町時代に入って京都と鎌倉の五山体制が完成する頃になると、中国寺院の基本構造である七堂伽藍を完成することになるのである。

入宋禅僧の中で有力ではあるが、一種独特の位置をしめるのが日本の曹洞宗を開いた道元禅師である。確かに禅宗寺院の中でも古寺・大寺は圧倒的に臨済宗が多い。ところが、宗教社会学的な視点から見ると、曹洞宗の末寺寺院の方がはるかに数多い。けれども曹洞宗のことを「地方禅宗」、「田舎禅宗」と陰口することが多いように、同じ禅宗でもその「禅」の方法論が大きく異なっている。先節で述べた中国禅宗の比較でいえば、語録や公案を使ってプレゼンテーションが派手な看話禅と、ひたすら参禅・坐禅することに集中する黙照禅の相違であろう。

さて、問題の道元は、伝記によれば、父は久我道親《くがみちちか》、母は九条基房の女。いわば名門の出であったが、幼少期に両親を失った。子供の頃の不幸は、最澄・親鸞など多くの祖師たちにも認められる事実だが、道元の場合も十三歳のとき比叡山を訪れ、翌年、延暦寺座主の公円について得度を受ける。その不遇な環境と生来の性格から内省的な求道僧であった。縁あって、栄西も創建に預かった建仁寺の

北条政子　ほうじょうまさこ
［1157～1225］鎌倉時代の政治家。北条時政の娘として生まれ、源頼朝の妻として幕府成立と発展に尽くした。頼朝が死去すると、頼家を立て、頼家が頼りないと宿老の合議制を導入。頼家を幽閉すると、実朝を擁立、実朝が死ぬと自ら幕府の実権を完全に掌握した。尼将軍といわれた。承久の乱（1221年）には政子が檄を飛ばし、幕府軍は朝廷軍を打ち負かし、後鳥羽上皇を追放した。死ぬ前年に北条執権体制を指示し、執権政治への道を開いた。↓p.193

建仁寺・勅使門［撮影：水野克比古］

道元（観月の御影）［宝慶寺所蔵］

栄西（明庵栄西禅師像）［絶海中津賛／両足院所蔵］

明全《みょうぜん》*に師事した。明全は、栄西の高足の弟子であった。明全の入宋希望に従って師とともに中国に渡り、天童山や径山の臨済宗系の祖師を訪ねて法を求めたが、臨済宗のウイットを尊ぶ禅風と道元の機縁が今ひとつ合わなかった。

道元は、浙江省の天童山景徳寺（現天童寺）の長翁如浄《ちょうおうにょじょう》禅師の禅に強くひかれ、面接を許されて、坐禅に没頭したのち、身心脱落の大悟を得た。如浄の禅風は、先述の黙照禅の系譜に属するが、中国では臨済禅の流行に押されて曹洞禅は次第に下火になっていた。しかし、道元は、その性格と境遇からあえて才気煥発を是とする臨済禅よりも、地味だが人間の深奥を見つめる曹洞禅に照準を定めた。とくに、世間の名利を超越した只管打坐《しかんたざ》（ひたすら坐禅する）と身心脱落の境地を高く評価し、後世、自らの禅観をまとめた『正法眼蔵』の中でも章題として用いている。対外的には、帰国後、人びとに広く坐禅を勧める『普勧坐禅儀《ふかんざぜんぎ》』を著して立宗宣言を行った。

しかし、栄西をはじめとする臨済禅では、むしろ政権や為政者と積極的に交渉を持ち、一種の政策担当者や文人官僚的役割を担うことを是としていたのに対し、曹洞禅を選んだ道元は、極力、権力者から距離を置き、自らの修行に精進することを好んだ。寺も鎌倉や京都ではなく、むしろ郊外や地方において閑静な地を求めた。京都の宇治の興聖寺や最大の外護者の波多野氏の支援で開かれた越前（福井県）の永平寺では、今も若い修行僧が自らを再発見する修行に没頭している。

宋代禅を仲介する日中の仏教交流を語るにあたって、どうしても看過できない

明全 みょうぜん［1184〜1225］鎌倉時代の臨済僧。道元の師。比叡山で学び、のちに栄西に師事した。1223年（貞応二年）、宋へ渡ったが、そこで没した。道元が遺骨を持ち帰った。

東福寺・三門［写真提供：東福寺］

永平寺・中雀門［撮影：牧野貞之］

のは、南宋期に限られる政治的事情・歴史的背景を無視できないことである。長い日中の文化交流の中で、一度だけ中国側が日本を攻撃したことがある。周知のように、それは異民族征服王朝の元（もとはモンゴル帝国）が独自の版図（領土）拡大政策によって、朝鮮・日本そして東南アジアや中央アジアの諸国を征服しようとした際に生じた現象であるが、その際、先遣の、もしくは戦後の交渉使節として命をかけて送り込まれたのが、南宋や高麗の仏教僧であることが少なくなかった。また、そうなる一歩手前で混乱続く中国の政治と宗教事情を嫌って、一種の仏教の理想郷のイメージを日本に託して来日した、いわば亡命僧の実例もないわけではない。

その最初の大物が、南宋の淳祐六年（一二四六、日本では寛元四年）に来日した蘭渓道隆《らんけいどうりゅう》（一二一三〜一二七八）である。もちろん道号が蘭渓、諱《いみな》が道隆である。彼は中国南西部の四川省出身の臨済僧であり無明慧性《むみょうえしょう》の法を嗣いだが、三十歳をすぎて間もなく、南宋仏教の行く末に不安を感じて民間の船で九州に渡った。

その才能と行動力を評価され、九州・京都・鎌倉の禅寺の住持を任されたが、元と一戦を交えることを覚悟していた鎌倉幕府の執権・北条時頼*（一二二七〜一二六三）の信頼を得るや、請われて鎌倉の建長寺の開山となり、ついで日本臨済宗の新拠点である建仁寺や寿福寺などの住持に任命された。その間には、讒言（中傷）により甲斐（山梨県）に配流されたこともあったが、没するまでの三十年間禅宗弘通に尽力することとともに、宋代の文人官僚に影響を与えた宗教者の轍

北条時頼　ほうじょうときより［1227〜1263］鎌倉幕府の執権。時頼の政治は御家人たちの支持を得て、執権政治をより強固にし、北条氏の独裁をさらに強めた。農民保護に努めるなどしたため、人望を得た。このため諸国を回って民情を視察、勧善懲悪を行ったという廻国伝説を生んだ。1253年（建長五年）、蘭渓道隆を招いて建長寺を建てたことでも知られる。

に則って、国家護持的禅仏教を鼓吹した。

　とくに、栄西の最初期の臨済禅では、平安旧仏教と対立しない意味もあって、真言・天台の密教と分離しない禅であったが、蘭渓道隆のときになって他宗との兼宗はなくなり、日常の規範を定めて励行させ、禅寺の規矩（作法）が厳しく行われることとなった。

　そういう意味では、栄西でかなり融合的に始まった中国禅が、亡命僧ともいうべき蘭渓道隆によって、より中国的な形に整備・徹底されたといえよう。

　南宋よりの渡来僧の第二は、正安元年（一二九九）に元の外交使節として来日した一山一寧《いっさんいちねい》（一二四七〜一三一七）である。彼は、浙江省台州の人。台州浮山の鴻福寺《こうふくじ》の無等融の弟子となり、臨済宗の諸師を歴参して法を修めた。その高徳を聞いた元朝は、二度にわたる元寇（文永の役・弘安の役）の失敗に懲りて、外交政策に転ずると、成宗の国書を彼に携えさせて日本の帰従を迫った。筑前太宰府に渡来した一山一寧の一行に対して、すでに元の使節を断罪している執権北条時宗*は、伊豆の修禅寺に軟禁した。のちに許されると、次の執権北条貞時*の外護を受け、鎌倉建長寺にまねかれた。さらに円覚寺・浄智寺、そして京都の南禅寺の住職を歴任した。

　一山一寧は、典型的な宋代禅僧で、すでに論じたように宋代政治を事実上支えた士大夫や文人層とさかんに交流した。この頃、詩・書にすぐれた禅僧が多く、宋代文化の代表ともいうべき水墨画や詩・書は禅僧、とくに日本に新天地を求め

北条時宗　ほうじょうときむね［1251〜1284］鎌倉時代の武将で、鎌倉幕府第8代執権。文永・弘安の役（蒙古襲来）では、沿岸警備に力を注ぎ、元軍撃退に力を尽くした。信仰面では禅に傾倒し、中国から無学祖元を招請し、円覚寺を開いた。

北条貞時　ほうじょうさだとき［1271〜1311］鎌倉幕府第9代執権。北条時宗の子。1284年（弘安七年）、父の死にともない執権に就任。貞時の政治の根幹は御家人制の維持で、代表的な政策が徳政令。窮乏化しつつあった御家人の救済を目的とするものだった。一方で、御家人統制も強めた。

た渡来僧によって伝えられ、定着したといえよう。事実、一山一寧は、豊かな文学的教養と広汎な方面にわたる才能の持ち主であり、のちに元に渡って禅の修得に努めた雪村友梅《せっそんゆうばい》*（一二九〇〜一三四六）や僧伝の名著『元亨釈書《げんこうしゃくしょ》』の編者として知られる虎関試錬《こかんしれん》などのすぐれた後継者を育て、わが国の五山文学の祖とされている。また、のちに嵐山天龍寺の開山となり、禅の作庭の上でも大きな功績を残した夢窓疎石《むそうそせき》*（一二七五〜一三五一）にも大きな影響を与えたという。

最後に紹介する無学祖元《むがくそげん》（一二二六〜一二八六）も、中国南宋代の禅僧である。浙江省慶元府の生まれで、南宋の都・杭州の浄慧寺で出家し、径山の無準師範に参じて、その法を嗣いだ。つまり東福寺開山の円爾と兄弟弟子となる。ちょうど、二度目の元寇を前にして、弘安二年（一二七九）、日本の幕府執権の北条時宗が、政治アドバイザーを兼ねた禅僧を鎌倉建長寺の住職として求めている話を聞き、翌弘安三年に来日し、蘭渓道隆寂後の建長寺に入った。

弘安五年（一二八二）、北条時宗は新たに円覚寺を創建し、無学祖元を迎えて開山とした。彼が宋代禅（とくに臨済禅）の教授を行っただけではなく、中国の政治情勢、とりわけ元朝の動向とその対策に関する助言を与えたことは想像に難くない。彼は、建長・円覚両寺の住持を兼帯し、鎌倉を中心に日本臨済宗の上で、とくに政治的助言者として大きな足跡を残した。

雪村友梅　せっそんゆうばい
［1290〜1347］鎌倉末期から南北朝にかけて活躍した臨済宗の僧。越後（新潟県）の人。1307年（徳治二年）、18歳で中国・元に渡り、23年間を過ごした。この間禅宗修行だけでなく、諸方の祖跡をことごとく巡拝した。帰国して諏訪（長野県）慈雲寺の住持となる。1343年（康永二年）、朝廷、足利尊氏らの招きで京都五山の万寿寺へ入り、次いで建仁寺第30世になった。

夢窓疎石　むそうそせき
［1275〜1351］鎌倉末期から南北朝にかけて活躍した臨済宗の僧。伊勢（三重県）の人。9歳で出家、天台を学んだのち、禅宗へ。甲斐（山梨県）に恵林寺、京都に臨川寺を開き、天龍寺開祖になる。五山文学を発展させ、庭園芸術を生み出した。

四、日本文化に与えた大きな影響

単に王朝の変化だけではなく、国家を支える政治・経済構造と人的要素である官僚組織が大きく変化した結果、皇帝中心型中央集権国家を形成した宋朝では、宗教としては中国古来の儒教を根本においたが、理知的性格が強い禅仏教も一部の士大夫階級に好まれた。入宋僧や渡来僧によってわが国に紹介され、鎌倉・室町の両時代に日本文化の表層として大きな影響を与えたことは、これまでも広く知られているところである。

その第一は、茶道・華道・書道・庭園（作庭）法などのように、元来は喫茶の技術、生け花、墨跡表現、自然作庭など単純素朴な自然鑑賞と人為表現の技術を指していたが、それぞれに目的・意義・実践体系の各要素を付加して、一種の芸術の立場を獲得したといえる。その基盤として禅の唯心的・象徴的世界観があったことは容易に理解できる。

まず、喫茶に関しては、団茶・抹茶・煎茶などいくつかの種類があるが、すでに取り上げたように、唐代の仏教寺院で喫茶・食茶の風習があったことは、空海や円珍について触れたが、実際それを文化にまで総合して高めたのは、栄西の功績であり、書物として著わした『喫茶養生記』である。その冒頭には、「茶は末代養生の仙薬なり。人倫延年齢の妙術なり。（後略、原文は漢文）」と記されている。すでに、唐代に編纂された禅僧の生活規範集である『百丈清規』に点茶や茶礼などの茶についての儀礼が多く記されているように、坐禅と喫茶は相い補う実用的な関係にあった。

次に書については、漢字文化を生み出した中国最大の文化的貢献といえる。その歴史は優に二千数百年を超えるが、本書では入唐僧・空海のところで詳しく取り上げたように、自らもすぐれた書才を有していた空海は、中唐まで流行し、高い評価を受けていた王羲之・欧陽詢をはじめ名家の書迹を収集し、日本へ紹介した。書の中国史については石川九楊氏などの労作に譲るが、唐代に流行した書跡は、書かれた内容よりも雄渾でかつ技法を用いたその文字表現に特徴があったといえる。

それに対して宋代の書跡は、文人たちの高尚な思想と趣味が見事にマッチしたもので、とくに禅宗僧の場合は、語録などに比較的短文（たとえば一行物）と水墨画風の単彩の画と書がハイレベルに融合していた。鎌倉時代から室町時代にかけて五山などの名刹禅院を中心に奥深い内容の禅画・禅書が人びとを魅了した。

花道（華道）については、インド以来、聖なる神や仏に香・花・灯明・水を捧げる習慣があり、いわゆる供養の一環として中国仏教でも受け継がれた。一つの体系だった芸術としては、茶道に遅れをとったが、むしろ日本に伝えられてから、禅宗を中心とした書院造りの居住空間の中で、床の間を中心に自然の体系を表現する立花《りっか》として新しいタイプの芸術が見事に誕生することとなった。そして、そこには一つの思想性や象徴性を読み込むために、伝来的な中国の世界観である天・地・人の三才説や中国仏教の新しい哲学である体・相・用の三大説（『大乗起信論』）を用いて意義づけをはかっている。

宋代以降の中国仏教、とくに禅宗の仏教が日本文化の表層に与えた影響は、衣・食・住を中心とした日常の生活文化の上で、唐代仏教のそれを大きく凌駕した強烈なものであったといえる。

代表として住居の面を取り上げると、いわゆる武家主体の書院造りが日本の建築の主流となってきたことと無関係ではない。そして、書院造りの淵源もしくは展開となったのが、中国の禅堂やそれを拡大発展させた七堂伽藍であったので、むしろ当然のことといえる。たとえば、禅寺で大衆を集めること、あるいは大衆に請うて堂塔の建築などの労役に従事してもらうことを「普請《ふしん》」と称したが、のちには一般に建築・土木の工事を行う広義の意味が普及した。室町・江戸の幕府でよく用いられる「普請奉行」は土木関係を扱う高級役人を指す。

次に、個々の家の重要な入口を指す「玄関」ももとは禅語である。すなわち、禅宗建築で正式の入口を指す言葉であり、古い文献資料では、鎌倉時代に書かれた建長寺の古図に「玄関」の表現が見られる。書院造り以降、まず外側に別に設ける式台玄関から始まったが、格式を強調することから最初は庶民住宅には許されなかった。江戸時代に禁令が解かれてからは、一般建物の正面入口がだいたい玄関と呼ばれるようになった。

狭義の住宅ではないが、中世に中国から禅宗とともに入ってきた暖房器具に

「炬燵《こたつ》」がある。珍しい漢字二文字で書く炬燵は、もとは「火榻子《かとうし》」と呼ばれた炉の上にやぐらを載せた暖房器具であったが、寒気厳しい中国の禅院でも防寒のために許可されていた。それが海を渡って日本に伝わった。言葉としては、「火榻子」の唐宋音が訛ったものといわれている。また炬燵とよく似た「行火《あんか》」も禅宗によって一般化され、世間の人びとにも用いられるようになった。「行」とは、持ち運びの出来るという意味で、炭火を入れて持ち運んで暖をとったものである。「こたつ」も、「あんか」も、最近は電気製品が大部分を占めているが、古くは禅仏教とともに中国から入ってきた生活用品であることは興味深い。

庶民の生活文化における食の分野でも、禅仏教を中心とする宋代仏教の影響は少なくない。もちろん、閼伽《あか》（水）・曼荼羅（マンダラ）のように、唐代仏教の文化遺産も日本文化の基層まで根を下ろしているが、宋代から明代まで、日本の時代区分でいえば鎌倉後期から室町そして江戸初期までに、主に禅僧が日本に伝えたり、日本の禅僧が禅寺で育んだ食物は、今でも日本の食文化の中で大きな役割を果している。

その中でも、一般によく知られているのが、豆腐・味噌・納豆などの大豆を原料とする食物がある。まず、豆腐は、水に浸して柔らかくした大豆をすりつぶした豆汁を熱して、豆乳とおからに分け、豆乳に苦汁《にがり》を加えて凝固させた食物である。唐代にはすでに中国で食品化されており、日本には早く奈良時代に伝わっていたが、僧院での共同生活を送る禅宗では、貴重な植物性たんぱく質であった。

萬福寺

京都の禅寺院では、お湯に豆腐を入れて熱した湯豆腐が有名となり、今では南禅寺門前などに専門の湯豆腐店が軒を連ねている。

味噌も、その歴史が古く、過日は中日の研究者を含めた醤《しょう》文化の国際フォーラムが浙江省紹興市で行われている。「醤」の一種である味噌の起源については、中国説を筆頭に、朝鮮半島、渤海など諸説があるが、日本への初伝は、天平勝宝五年（七五三）に中国から仏教の戒律・古密教などの種々の仏教と文化を伝えた鑑真とされている。味噌は、大豆を主原料に、米・大麦・大豆の麹と塩をまぜて発酵させたもので、食料というよりは調味料の一種である。ご飯の上にそのままかけて食することができるので、禅院の必需品となるとともに、禅の大寺では独自の味噌を作って、販売しているところもある。金山寺《きんざんじ》味噌はその代表である。

禅僧が伝えたとされる特色ある食物として、江戸時代の初期に旧明国の亡命僧・隠元禅師（名は隆琦）の伝えたとされる「隠元豆」と「普茶料理《ふちゃりょうり》」がある。最後の渡来僧とされる隠元は、故国・明の再興を願って徳川幕府の支援を頼って来日したが、鎖国政策をとる幕府には相手にされなかった。止むを得ず、長崎と京都で禅の普及活動を実施し、宇治に黄檗山萬福寺《おうばくさんまんぷくじ》を建立して、日本黄檗宗の開祖となった。かれが持ち込んだといわれる豆の一種に世にいう「隠元豆」があるが、これは大豆・落花生についで世界でも生産の多い豆である。

その隠元がもたらした精進料理が、普茶料理である。元来は仏事法要の後に茶を立てて、あまねく修行僧に供した故事による。原則、四人分を一組として大皿

普茶料理［少林山達磨寺／撮影：小倉隆人］

に盛り込み、胡麻油や葛粉を多用する中華料理の一種として、京都に数軒の専門店がある。

以上のように、宋代以降の仏教文化は、主に衣・食・住の日常生活の面で大きな影響を与え、日本文化の表層の一部を形成して現在も伝えられている。

年表

西暦	中国年号	日本年号	中国(朝鮮を含む)	日本
五八九	開皇五	崇峻二	隋、中国を統一	
六〇七	大業三	推古一五	小野妹子を隋に遣わす	
六一八	武徳五	推古二六	唐、興る	
六三〇	貞観四	舒明二		遣唐使、始まる
六四五	貞観一九	大化元		大化の改新
六五三	永徽四	白雉四	遣唐使に従って、道昭入唐	
六六三	龍朔三	天智二	百済、滅ぶ	
六六八	総章元	天智七	高句麗、滅ぶ	
六七二	咸亨元	弘文元		壬申の乱
六九〇	嗣聖七	持統四	武周革命	
七〇〇	嗣聖一七	文武四		道昭、火葬
七一〇	唐隆元	和銅三		平城京遷都
七一七	開元五	養老元	遣唐使に従って、玄昉・吉備真備入唐 善無畏、『虚空蔵菩薩求聞持法』訳す	
七一八	開元六	養老二		道慈、帰朝
七二一	開元九	養老五	一行、『大衍暦』を撰述	
七三〇	開元一八	天平二	智昇、『開元釈教録』を撰述	
七三六	開元二四	天平八	密教僧・金剛智、長安に入る	玄昉・吉備真備、帰朝
七四六	天宝五	天平一八		玄昉、九州にて没す
七五二	天宝一一	天平勝宝四		大仏開眼供養
七五四	天宝一三	天平勝宝六		唐僧・鑑真等、来朝
七五五	天宝一四	天平勝宝七	安史の乱、始まる	
七五九	乾元二	天平宝字三		鑑真、唐招提寺を建立
七六四	広徳二	天平宝字八		道鏡を大臣禅師に任ず
七六五	永泰元	天平神護二	不空三蔵、新訳『仁王経』を翻訳	
七七四	大暦九	宝亀五	不空没	空海、生まれる

西暦	中国年号	日本年号	中国（朝鮮を含む）	日本
七八一	建中二	天応元	唐、両税法を行う	
七九四	貞元一〇	延暦一三		平安京遷都
八〇四	貞元二〇	延暦二三	遣唐使に従って、最澄・空海入唐	
八〇五	貞元二一	延暦二四	空海、恵果から密教受法	
八二三	長慶三	弘仁一四		空海、東寺を賜う
八三五	太和九	承和二		空海、没す
八三八	開成三	承和五	常暁・円仁・円行・円載入唐	
八四二	会昌二	承和九	会昌の法難、始まる	
八四七	大中元	承和一四		恵運、帰朝
八五三	大中七	仁寿三	円珍、唐船にて入唐	
八六二	咸通三	貞観四	真如、宗叡等と入唐	
八七四	咸通一五	貞観一六		聖宝、醍醐寺の創建に着手
八七五	乾符二	貞観一七	黄巣の乱	
八七七	乾符四	元慶元		円載、帰路難破により溺死
八九四	乾寧元	寛平六		菅原道真の建議により、遣唐使廃止
九〇七	開平四	延喜七	唐、滅ぶ	
九三九	天福五	天慶二		天慶の乱
九六〇	建隆元	天徳四	宋、興る	
九七一	開宝四	天禄二	成都で印刷大蔵経、刊行開始	
九八四	太平興国九	永観二	天台僧・奝然、入宋	
一〇〇二	咸平五	長保五	天台僧・寂照、入宋	
一〇〇六	景徳二	寛弘三		藤原道長、法性寺を建立
一〇五二	皇祐四	永承七		藤原頼通、平等院を建立 末法の時代に入る
一〇六九	熙寧二	延久元	王安石の新法	
一〇七二	熙寧五	延久四	天台僧・成尋、入宋	
一〇七三	熙寧六	延久五	成尋、神宗より善恵大師の号を賜う	
一〇八一	元豊四	永保五	成尋、開封の開宝寺にて没す	

一一二五	宣和七	天治二		白河・鳥羽等の熊野御幸
一一二七	靖康二	大治二	宋の南渡	
一一六一	紹興三一	永暦二		覚忠、三十三所観音を巡礼
一一七五	淳熙二	安元一		法然、浄土宗を開く
一一九一	紹熙二	建久二		栄西が帰朝し、禅宗を弘める
一一九二	紹熙三	建久三		鎌倉幕府、開く
一一九九	慶元五	正治元	俊仍、入宋、のちに泉涌寺を開く	
一二二三	嘉定一六	貞応二	道元、入宋	
一二四六	淳祐六	寛元四	宋僧・蘭渓道隆、博多に来る	
一二五四	宝祐二	建長六	宋僧・円爾弁円、鎌倉に来る	
一二六〇	景定元	文応四	蒙古、世祖（フビライ）即位	
一二六二	景定三	弘長二		無関普門、宋より帰朝
一二七一	咸淳七	文永八	元朝、始まる	
一二七四	咸淳一〇	文永一一		文永の役
一二七九	至元一六	弘安二	宋僧・無学祖元、来朝	
一二八一	至元一八	弘安四		弘安の役
一二九九	大徳三	正安元	宋僧・一山一寧、来朝	
一三一一	至大四	応長元		凝然、『三国仏法伝通縁起』を撰述
一三三三	元統元	元弘三		鎌倉幕府、滅ぶ
一三六八	洪武元	正平二三	元が倒れ、明が興る	
一三九九	建文元	応永六	高麗大蔵経、成る	
一四一九	永楽一七	応永二六	チベット仏教僧・ツォンカパ没す	
一四六七	成化三	応仁元		応仁の乱、始まる
一四八六	成化二二	文明一八		一揆のため、東寺堂舎が焼失
一五四九	嘉靖二八	天文一八		キリスト教伝来
一五七一	隆慶五	元亀二		織田信長、比叡山を焼く
一六〇三	万暦三一	慶長三		江戸幕府、開く
一六三九	崇禎一二	寛永一三		鎖国令、発布
一六五四	永暦八	承応三	隠元禅師、来朝	

おわりに

本書では、約四十名の中国と日本の仏教僧を取り上げ、古くは七世紀頃から、新しくは十七世紀に入って徳川幕府が問題の鎖国政策を実施する直前までの約一千年あまり、それぞれが生命を賭して海を渡り、新しい仏教を求め、かつそれがもたらした苦難の旅を辿ってみた。

内容が、かなり深遠な仏教教理であったり、また実践儀礼が複雑多岐に分かれ、かつ平安時代中・後期の密教僧たちが請来した図像資料（ほとけの絵画や曼荼羅）は、いささかマニアックなものが多いので、本書は他の叢書と比べて、大変字数・行数の多い詰め込んだ内容となってしまったことをまずお詫びしておきたい。

それでも、全体のページ数の制約もあって、中国文化の大きな転換期であった北宋代（十世紀後半から十一世紀）に、そう若くない年代で、しかも私的に中国へ渡り、栴檀瑞像（三国伝来釈迦像）を日本に伝えた嵯峨・清涼寺の奝然（九三八～一〇一六）と印刷大蔵経を大量にわが国に伝えた岩倉・大雲寺の成尋（一〇一一～一〇八一）の項を省略せざるを得なかったのはやや心残りである。

両者の業績は、いずれかといえば中国から日本へ一方通行的に流れることが多かった仏教文化を、ある部分においては日本から逆輸出した点が評価されている。

ところで現在、火坂雅志氏の小説を原作としたテレビドラマ「天地人」が人々の関心を集めている。戦国大名の上杉景勝の名参謀・直江兼続を中心とした人間ドラマであるが、中国の三才説から再構築した「天の時、地の利、人の和」は、本書の主人公たちである鑑真・空海・真如などの日中交流僧の数奇な運命とも重なる部分が少なくない。

大日如来・観音菩薩・不動明王など仏教のほとけの歴史を専門とする筆者が、空海・円仁・円珍など珍しい多くの密教仏を持ち帰った「陽の当たる名僧」だけでなく、ついに生きて日本の土を踏めなかった霊仙・円載などの「日陰の薄幸僧」を取り上げることができたのは、二十代後半から三十代前半にかけてお世話になった京都大学人文科学研究所の「中国仏教研究班」（代表・牧田諦亮教授）の研究会の成果によるところが多い。

とくに牧田諦亮先生からは「生きた仏教」、藤善真澄先生からは史料の扱いと「政治と仏教の関係」など有益なご教示をいただだいた。

難産の本書が世に出たのは、社団法人・農山漁村文化協会の遠藤隆士氏、編集室の廣岡純、井川宏三、眞神博氏などの歴代担当者の方のご尽力によるものである。

また、実際の原稿作成や図版調達にお世話になった那須真裕美、中淳志のお二人に改めて謝意を表したい。

地味な報告書かも知れないが、中日の文化交流を支えた求法僧たちの御魂に改めて慰霊と顕彰の誠を捧げたい。

平成二十一（二〇〇九）年三月三日

頼富本宏

■参考文献（原則として、単行本の中から参照しやすいものを選んだ）

木宮　泰彦『日華文化交流史』富山房　一九五五年
池田　温編『古代を考える・唐と日本』吉川弘文館　一九九二年
大庭　脩『古代中世における日中関係史の研究』同朋舎出版　一九九六年
大庭　脩『漢籍輸入の文化史』研究出版　一九九七年
藤善　真澄「文書記録の日中文化交流」（『東西学術研究所紀要』三二）一九九三年
森　克己『遣唐使』至文堂　一九五五年
増村　宏『遣唐使の研究』同朋舎出版　一九八八年
東野　治之『遣唐使船—東アジアのなかで—』アサヒ選書　一九九九年
上田　雄『遣唐使全航海』草思社　二〇〇六年
シルクロード・奈良国際シンポジウム二〇〇一組織委員会編『シルクロードを遡る—遣隋使と遣唐使—』なら・シルクロード博記念国際交流財団　二〇〇三年
佐伯　有清『最後の遣唐使』講談社学術文庫　一九七八年
小野　勝年・日比野丈夫『五臺山』座右宝刊行会　一九四二年
斉藤　忠『中国天台山諸寺院の研究』第一書房　一九九八年
鎌田　茂雄『中国仏教史辞典』東京堂出版　一九八一年
安藤　更生『鑑真大和上伝之研究』平凡社　一九六〇年
蔵中　進『唐大和上東征伝の研究』桜楓社　一九七六年
空海研究編集委員会編『空海研究　第一集』（中日文版）福建美術出版社　一九九七年
〃　『空海研究　第三集』（中日文版）香港閩南人民出版有限公司　二〇〇七年
高木　訷元『空海—生涯とその周辺—』吉川弘文館　一九九七年
立川　武蔵『最澄と空海』講談社メチエ　一九九八年
頼富　本宏『空海と密教—「情報」と「癒し」の扉をひらく—』ＰＨＰ新書　二〇〇二年
武内　孝善『弘法大師空海の研究』吉川弘文館　二〇〇六年
静　慈圓編『弘法大師空海と唐代密教』法蔵館　二〇〇五年
天台学会編『伝教大師研究』早稲田大学出版部　一九七三年
佐伯　有清『伝教大師伝の研究』吉川弘文館　一九九二年
福井　康順編『慈覚大師研究』天台学会　一九六四年
佐伯　有清『円仁』（人物叢書）吉川弘文館　一九八九年
Ｅ・ライシャワー著　田村完誓訳『世界史上の円仁』実業之日本社　一九六三年
足立　喜六訳注・塩入良道補注『入唐求法巡礼行記１・２』平凡社　一九七〇年
智証大師研究編集委員会編『智証大師研究』天台寺門宗智証大師一千百年御遠忌局　一九八八年
佐伯　有清『円珍』（人物叢書）吉川弘文館　一九九〇年
小野　勝年『入唐求法行歴の研究』上・下　法蔵館　一九八二年
杉本直治郎『真如親王伝研究』吉川弘文館　一九八五年
佐伯　有清『高丘親王入唐記』吉川弘文館　二〇〇二年
〃　『悲運の遣唐僧—円載の数奇な生涯—』吉川弘文館　一九九九年
斉藤　圓真『天台入唐入宋僧の事跡研究』山喜房仏書林　二〇〇六年
平林　文雄『参天台五台山記　校本並研究』風間書房　一九八七年
伊井　春樹『成尋の入宋とその生涯』吉川弘文館　一九九六年
藤善　真澄『参天台五台山記の研究』関西大学出版部　二〇〇六年
〃　『参天台五台山記』上・下　関西大学東西学術研究所　二〇〇七年・二〇〇八年
立川武蔵・頼富本宏編『中国密教』春秋社　一九九九年
佐和　隆研『白描図像の研究』法蔵館　一九八二年

三山　進責任編集『鎌倉仏教』（図説日本の仏教４）新潮社　一九八八年
平久保　章『隠元』（人物叢書）吉川弘文館　一九六二年
石川　九楊『「書」で解く日本文化』毎日新聞社　二〇〇四年
〃　『書に通ず』新潮社　一九九九年
成田山新勝寺編『書と文化』成田山新勝寺　二〇〇八年
金　申編著『海外及港台蔵歴代仏像』山西人民出版社　二〇〇七年
須藤　隆仙『仏教用語事典』新人物往来社　一九九三年
笠原　秀彦『歴代天皇総覧』中公新書　二〇〇六年
朝日『日本歴史人物事典』朝日新聞社　一九九四年
佐佐木　隆『日本の神話・伝説を読む』岩波新書　二〇〇七年

■資料・写真収集協力

那須　真裕美（種智院大学）

■写真提供・撮影協力

中　淳志

第２章　聖徳太子像　飛鳥大仏　玄奘三蔵像　頭塔　鏡神社外観　大安寺址
梵釈寺外観　乙訓寺外観　室戸崎

第３章　比叡山遠景　高雄山寺　国清寺　真魚　亀型石造物　西湖　杭州・
飛来峰

第４章　大雁塔　小雁塔　恵果との邂逅

第５章　舎利塔

第６章　五大山文殊像　円珍像　国清寺の塔　円珍入唐求法総目録

第７章　超昇寺址

第８章　萬福寺

図説❖中国文化百華
第8巻 日中を結んだ仏教僧
波濤を超えて決死の渡海

発行日 二〇〇九年三月三十一日
著者 頼富 本宏
企画・編集・制作 「中国文化百華」編集室
企画・発行 (社)農山漁村文化協会
東京都港区赤坂七―六―一
郵便番号一〇七―八六六八
電話番号〇三―三五八五―一一四一[営業]
〇三―三五八五―一一四五[編集]
FAX 〇三―三五八九―一三八七
振替 〇〇一二〇―三―一四四四七八
印刷/製本 (株)東京印書館

ISBN978-4-540-03090-1
〈検印廃止〉
定価はカバーに表示

図説　中国文化百華・全18巻（各巻本体3048円・揃価本体54864円）

漢字の文明　仮名の文化
文字からみた東アジア
文化の根底から考える日中の未来への役割。
石川九楊 著

天翔るシンボルたち
幻想動物の文化誌
龍、一角獣など古代中国の精神文化を探索。
張競 著

おん目の雫ぬぐはばや
鑑真和上新伝
中国側史料が明かす渡日の真実と鑑真の心。
王勇 著

イネが語る日本と中国
交流の大河五〇〇〇年
アジア共通の財産。起原と伝播と未来まで。
佐藤洋一郎 著

しじまに生きる野生動物たち
東アジアの自然の中で
人から逃れるか共存するか。60種の運命。
今泉忠明 著

神と人との交響楽
中国　仮面の世界
現代まで続く未知なる中国文化の古層。
稲畑耕一郎 著

王朝の都　豊饒の街
中国　都市のパノラマ
絵図・地図から読み取る宋代の都市生活。
伊原弘 著

日中を結んだ仏教僧
波濤を超えて決死の渡海
奈良・平安期の遣唐使を支えた僧の活躍。
頼富本宏 著

癒す力をさぐる
東の医学と西の医学
東西伝統医学の交流と違いから未来を展望。
遠藤次郎 他著

火の料理　水の料理
食に見る日本と中国
こんなに近くてこれほど違う二つの文化。
木村春子 著

東アジア四千年の永続農業（上・下）
中国・朝鮮・日本
F・H・キング著／杉本俊朗 訳
久馬一剛　古沢広祐 解説
20世紀初頭にアメリカ農業の行き詰まりを予見したアメリカ人土壌学者が東洋に見出した答えとは。

「天下」を目指して
中国　多民族国家の歩み
東アジアを包括する独自な国家観を知る。
王柯 著

真髄は調和にあり
呉清源　碁の宇宙
碁に平和と調和を見た一代の棋聖の生涯。
水口藤雄 著

風水という名の環境学
気の流れる大地
自然との調和を求める壮大な世界観を探訪。
上田信 著

歴史の海を走る
中国造船技術の航跡
唐代～清末、造船・航海術の深化と文化交流。
山形欣哉 著

君当に酔人を恕すべし
中国の酒文化
政治から文学思想まで五千年の酩酊文化論。
蔡毅 著

「元の染付」海を渡る
世界に拡がる焼物文化
世界を魅了した磁器、日中朝のドラマ。
三杉隆敏 著